인간의
어리석음에 관한
법칙

인간의 어리석음에 관한 법칙

Allegro Ma Non Troppo

카를로 M. 치폴라 지음
장문석 옮김

?
차
례

출발점에서

삶은 종종 비극적이거나 때때로 희극적인데, 어쨌거나 진지한 것이다. 고전기 그리스인들은 삶의 심오한 비극적 의미를 이해하고, 또 이를 표현할 줄 알았다. 본성상 그리스인들보다는 실용적인 로마인들은 비극을 지어내지는 않았으나, 삶을 진지한 것으로 간주했다. 그 결과, 그들은 인간의 많은 자질들 중 특히 '진중함gravitas'을 귀하게 여긴 반면, '경박함levitas'을 천하게 여겼다.

비극적인 것이 무엇인지 이해하고 정의하기란 그다지 어렵지 않다. 어떤 인간의 뇌리에 남들에게 비극적인 인물로 보여야겠다는 꼼수가 떠오르면, 천성이 비극적이지 않을지

라도 적어도 겉으로는 어렵지 않게 비극적인 인물인 척할 수 있다. 이와 마찬가지로 진지함 역시 이해하고 정의하며, 심지어 생색내기가 비교적 쉬운 자질이다. 정작 정의하기 어려울뿐더러 모두에게 온전히 감지되거나 평가받지 못하는 것은 희극적인 것이다. 희극적인 것을 의도하고 평가하며 표현하는 능력이라고 할 유머는 인간존재들 사이에서는 오히려 희귀한 재능이라고 할 것이다.

명심하시라. 불쾌하고 천박한 싸구려 기성품 유머(=조롱)를 구사할 수 있는 이들은 많지만, 진정한 유머를 구사하는 이는 흔치 않은 법이다. 그런 유머는 유머의 탈을 썼다 뿐이지 진짜 유머가 아니다. 유머umorismo는 '기분umore'이라는 말에서 유래하는데, 보통 심리적 안정감과 육체적 쾌적함에 기초한 섬세하고 행복한 정신 상태를 가리킨다. 수많은 작가들과 철학자들, 인식론자들, 언어학자들이 끈덕지게 유머가 무엇인지를 정의하고 설명하고자 애써왔다. 그러나 유머를 정의하는 일은 불가능하다고까지는 할 수 없어도 대단히 힘든 것이 사실이다. 유머러스한 익살을 구사했는데도 이를 상대방이 알아듣지 못할 경우 익살을 친절하게 다시 설명하는 것은 즉각적으로 역효과를 불러일으킬 수도 있고, 그렇지 않더라도 최소한 백해무익한 일이 될 것이다.

분명한 사실은, 유머가 현실의 희극적 양상을 부각하고 표상하는 섬세한 지적 능력이라는 점이다. 그러나 유머에는 역시 그 이상의 것이 있다. 이탈리아어 대사전에도 나오듯, 유머는 적대감보다는 오히려 깊이 있고 종종 따뜻한 인간적 공감에서 솟아나온다. 더욱이 유머는 기가 막힌 타이밍과 장소에서 본능적 직관에 따라 솟아나온다. 죽어가는 사람의 병상에서 삶의 불확실성을 논하는 유머는 유머가 아니다. 그 반면, 단두대 계단을 올라가던 한 프랑스 신사가 발을 헛디디자 간수를 돌아보며 소리쳤다는 이 이야기는 어떠한가. "발을 헛디디면 재수가 없다고 하던데." 과연 이런 유머를 구사할 줄 아는 신사라면 그의 머리는 구제될 가치가 있으리라.

유머는 정확하고 특정한 언어적 표현의 선택과 불가분의 관계에 있다. 따라서 유머를 한 언어에서 다른 언어로 번역하는 것은 여간 어려운 일이 아니다. 따라서 유머는 다른 문화적 환경으로 옮겨가면 도무지 이해할 수 없는 것이 되어버린다는 점에서 머리에서 발끝까지 특정 문화의 세례를 흠뻑 받은 것이라고 하겠다.

유머는 아이러니와 구별된다. 아이러니를 구사한다는 것은 다른 사람들을 웃음의 대상으로 만드는 것이다. 반면, 유머를 구사한다는 것은 다른 사람들과 함께 웃는다는 것이다. 아이러니는 긴장과 갈등을 유발한다. 반면, 유머는 적절한 순간에 적절한 방식으로 사용만 된다면(유머가 적절한 순간에 적절한 방식으로 사용되지 않는다면 유머가 아니다), 단연 긴장을 해소하고 곤란한 상황을 타개하며 인간관계를 유연하게 하는 윤활제가 된다. 그러므로 유머를 구사해야 될 때 유머를 구사하는 일이야말로 사회적 의무라고 나는 깊이 확신하는 바이다.

이상의 진부한 고찰로부터 이 책을 이루는 두 개의 글이 탄생했다. 이 두 글은 원래 영어로 쓰여 몇 년 전에(각각 1973년과 1976년에) 친구들만을 위한 한정판으로 출간되었다. 그럼에도 두 글은 뜻밖의 성공을 거두었다. 어떤 이들은 친구나 지인을 통해 필사적으로 원본을 구하려고 하지를 않나, 더 진취적인 다른 이들은 복사본이나 은밀히 유통되던 필사본을 구하려고 애쓸 정도였다. 상황이 그렇게 되는 바람에 물리노^{Mulino}출판사와 나는 결국 공식적인 출판

절차를 밟기로 결심했다. 그리하여 예전의 은밀한 한정판을 본격적으로 수정해 이렇게 새 책으로 단장하여 펴내는 바이다.

이 공식 판본을 선보이며 두 가지 점만큼은 미리 밝혀두고 싶다. 후추에 대한 글에서 독자들은 아이러니한 일화들을 쉽사리 만나게 될 것이다. 나는 그런 아이러니들이 유머와 크게 다르지 않은 유쾌하고 악의 없는 것임을 독자들이 알아주시기를 앙망한다(그렇게 알아주시면 감사하겠다).

또한 인간의 어리석음에 대한 글은 18세기의 박학다식한 학자들이 "정신적 발명품"이라고 명명한 것 이상도 이하도 아니라고 할 수 있다. 사실, 이 글은 나 자신의 개인적 인생사와는 별 관계가 없다. 내가 그동안의 인생길에서 만난 절대 다수의 사람들이 대개 인자하고 선량하며 지성적이었다는 점에서 내가 특별히 행운을 타고난 사람임을 고백하지 않는다면, 나는 지금까지 내 인생을 관통해온 운명에 거슬러서 배은망덕한 죄를 짓는 것일 게다. 이 책을 읽으면서 독자들이 이 글을 쓴 저자야말로 어리석은 인간이라고 확신하지 않기만을 바랄 뿐이다.

중세 경제 발전에서
향료(특히 후추)의 역할

1. 지난 수 세기 동안 유럽이 겪어온 가장 심각한 비극들 중 하나는 로마제국의 몰락이었다. 인간사에서 으레 그러하듯이, 당시에는 많은 이들이 그 사건의 심각성을 미처 깨닫지 못했다. 대부분의 카르타고 시민들이 도시가 반달족의 공격을 받거나 말거나 신경 쓰지 않고 원형극장에서 경기를 즐겼고, 쾰른의 귀족들은 야만인들이 성문 앞까지 쳐들어오거나 말거나 신경 쓰지 않고 축제에 빠져 있었다. 대신 다른 이들은 사태의 심각성을 온전히 인지하고 있었다. 서기 410년 여름에 알라리크가 이끄는 고트족 군대가 로마를 약탈했을 때, (당시에는 아직 성인이 아닌 상태에서 베들레

헴에 살던) 성 히에로니무스San Gerolamo*는 이렇게 썼다. "세상에서 가장 환한 빛이 꺼졌노라." 그는 심한 불안감에 휩싸여 다리가 후들거리는 순간에도 이렇게 덧붙일 힘은 있었다. "로마도 죽어 나가떨어지는 판에 다른 것인들 확실하랴?"

약간의 예외가 있기는 하지만,** 현대 역사가들은 로마제국의 해체가 갖는 역사적 의미에 대해서는 대체로 의견이 일치하나, 그 몰락의 원인에 대해서는 그렇지 않은 형편이다.

어떤 이들은 기독교도들의 탓이라고, 다른 이들은 이교도들의 탓이라고 비난한다. 어떤 이들은 관료적 복지 국가의 탄생과 형성 탓이라고 하고, 다른 이들은 농업의 몰락과

---

* 성 히에로니무스Eusebius Sophronius Hieronymus(347~420)는 영어로는 성 제롬St. Jerome이라고도 불리며, 달마티아Dalmatia 지역과 판노니아Pannonia 지역의 경계에 위치한 스트리돈Stridon 출신의 교부 철학자이다. 가톨릭교회로부터 교회 박사로 인정받았다.

** 이 예외들 중에는 로마제국의 종말이라는 상황에서 인류를 이교로부터 구원해줄 가치 없는 신성의 개입을 목격한 기독교 저자들이 있었다. 더욱 최근에는 한 영국 경제사가가 현대 영국의 무거운 세금 체제에 질린 나머지 로마의 몰락을 두고 "수백만 명의 유럽인들을 엄청난 공납에서 해방해준" 섭리의 사건으로 해석했다―지은이.

대농장의 확산 탓이라고 한다. 어떤 이들은 토질의 하락 탓이라고 하고, 다른 이들은 농민 계급의 지위 상승 탓이라고 한다. 최근에 한 미국 사회학자는 로마가 귀족계급의 점진적인 납 중독으로 몰락했다는 명료하면서 독창적인 테제를 내세우면서 논쟁을 다시 불러일으켰다.

납은 하루에 1mg 이상 복용하거나 흡수하면 끔찍한 변비와 식욕 감퇴, 사지 마비를 유발할 수 있고, 심지어 사망에까지 이르게 할 수 있다. 게다가 남자들의 불임과 여자들의 유산도 야기할 수 있다. 다시 앞의 사회학자에 따르면, 로마인들, 특히 귀족들은 납을 과다 복용했다. 대^{대}플리니우스*는 요리에 "청동이 아니라 납으로 만들어진 용기들을 사용하라고" 추천했을 뿐만 아니라 상수도관과 컵, 화장품, 의약품, 염색약 제작에도 납이 유용하다고 권고했다고 한다. 나아가 로마인들은 포도주를 더 잘 보관하고 풍미를 더하기 위해 발효되지 않은 포도즙을 안쪽에 납칠이 된 용기에 넣어 끓인 후 포도주에 첨가했다고 덧붙인

———

* 플리니우스Gaius Plinius Secundus(23~79)는 흔히 영어로 대플리니우스Pliny the Elder라고도 불리며, 로마제국의 장군을 역임한 자연철학자로 백과사전의 전범이라고 할 『박물지Naturalis Historia』를 남겼다.

다. 로마인들은 그렇게 하는 것이 포도주를 살균하는 동시에 "자신들의 생식력도 살균한다는 사실을 미처 알지 못했다".

이 미국 사회학자에 따르면, 로마 귀족층의 "높은 사망률과 낮은 출생률"은 납 중독 때문일 공산이 크며, 몇 세대 동안 그로 인한 "귀족 사망aristotanasia" 때문에 사상과 문화에서 뛰어난 인물들이 사라지게 되었다고 한다. 납 중독이 특히나 심하게 확산된 도시는 이탈리아 내 동로마제국의 권력 거점인 라벤나Ravenna였다. 여기서는 모든 것이 잘못된 방향으로 가고 있었다. 성 시도니우스 아폴리나리스Sidonio Apollinare*에 따르면, 라벤나에서 "성벽은 무너지고, 물은 끊기며, 탑은 주저앉고, 배는 모래 속에 묻히며, 도둑놈들이 망을 보고, 보초들은 잠을 잔다".

납에 중독되어 변비와 불임과 "귀족 사망"에 시달리던 로마인들은 더 이상 야만인들을 봉쇄할 힘도 없었다. 그에 잇따른 재앙은 참으로 깊고도 넓었다. 4세기 말경 밀라노의

———

* 성 시도니우스 아폴리나리스Gaius Sollius Sidonius Apollinaris(431/2~487)는 갈리아의 로마 귀족 출신 시인으로, 제국의 고위 관리와 아르베르나(클레르몽-페랑)의 주교를 역임했다. 나중에 성인으로 추존되었다.

주교인 암브로시우스Ambrogio*는 주위에서 "절반쯤 파괴된 도시의 시체들semirutarum urbium cadavera"만을 목격했다. 흉포한 황제 콤모두스Commodus마저 "나라가 황폐하고, 국가 전체가 무너지는구나vastantur patriae, prosternitur civitas omnis"라고 썼다. 한 익명의 시인도 "이미 모든 것이 사라졌도다 omnia in finem precipitata ruunt"라고 탄식했다. 그런가 하면 성 루피누스Rufino**는 쓰디쓴 어조로 이렇게 고백했다. "이 판국에 글을 쓸 정신이 있겠는가? 주위는 온통 무장한 적들이고, 보이는 건 그저 황폐해진 도시와 들판뿐인데."

2. 그리하여 중세가 시작되었는데, 중세의 첫 몇 세기는 영어권에서 "암흑시대dark ages"라고 불리곤 했다. 얼마 전 한

---

*성 암브로시우스Aurelius Ambrosius(340~397)는 영어로 성 앰브로즈St. Ambrose로 알려져 있으며, 당시 교회에서 가장 영향력 있던 밀라노의 주교였다.
**성 루피누스Rufinus는 3세기경 코스타노Costano에서 순교한 아시시Assisi의 수호성인이다.

연구자는 그 시대가 "야만인들에게는 그렇게까지 암울하지 않았다"는 사실을 지적했다. 우리가 "야만인"이 아니기 때문에 중세의 초반 세기들이 우리에게 암울한 시대로 남은 것뿐이다. 암흑 속에서도 기묘한 일들은 발생하기 마련이다. 중세가 한창일 때의 암흑 속에서도 싸우는 사람, 기도하는 사람, 일하는 사람, 즉 농노로 간주된 사람이 각기 나뉘어 있었다. 필리프 6세의 고문이었던 비트리의 필리프 Filippo di Vitry*는 당시 상황을 이렇게 설명했다. "다가오는 재앙을 피하기 위해 사람들은 세 가지 역할을 분담하기로 했다. 첫 번째 부류의 사람들은 주님께 기도하는 책임을 졌고, 두 번째 부류의 사람들은 상업과 농업에 종사했다. 그리고 마지막으로 이 두 부류를 불의와 침략으로부터 보호하기 위해 귀족들이 나타났다." 그러나 비트리의 필리프가 제시한 설명은 편파적이고 부정확하다. 귀족들은 "다른 두 사회적 부류를 불의와 침략으로부터 보호해줄" 의도가 조금도 없었기 때문이다. 그러기는커녕 오히려 불의에 불의를 더

———

* 비트리의 필리프Philippe de Vitry(1291~1361)는 샤를 4세와 필리프 6세, 장 2세 등의 프랑스 궁정에서 고문을 역임한 당대 최고의 음악가이자 시인이었다.

하고, 침략에 침략을 더했을 따름이다. 그들에게는 오직 하나의 열정, 즉 싸움질하는 열정만이 있었다. 더 이상 싸움질을 할 수 없게 되면, 유혈 낭자한 마상 시합이나 그에 못지않게 유혈 낭자한 사냥으로 열정을 분출했다. 전체적으로 그들은 억압과 폭력으로 유럽을 흠뻑 적시는 데 기여했다.

그것만으로는 충분치 않았던지 호전적이고 위협적인 이 민족들이 폭력에 폭력을 더하고 약탈에 약탈을 더하면서 외부로부터 침공해왔다. 남쪽에서는 이슬람교도들이, 동쪽에서는 마자르인들이, 북쪽에서는 스칸디나비아인들이 침공해왔다. 그중에서도 특히 스칸디나비아인들은 최악이었다. 그들이 왜, 어떻게 유혈 침공의 불 뚜껑을 열게 되었는지, 나아가 무슨 이유로 그렇게도 오랫동안 유럽에 출몰했는지에 대해서는 알려진 바가 없다. 다만 확실한 것은 그들이 우수한 항해술을 보유했다는 점,* 그리고 유일하게 알려

---

* 바이킹족은 원시적이었을망정 몇 가지 점에서는 진화된 모습을 보여주었다. 한 미국 인류학자는 몇몇 원시 부족들의 사회·문화적 발전을 '회전 방식 요인 지수rotated factor index'로 환산했다. 그에 따르면, 바이킹족은 1.60인데 비해 아스테카족은 1.73, 호텐토트족은 0.99, 마풀루족은 0.89, 부시맨족은 0.44, 에스키모족은 0.28이었다. 이 '회전 방식 요인 지수'가 무엇인지는 오직 그것을 만든 미국 인류학자만이 알 것이다 —지은이.

진 동기가 약탈이었다는 점이다. 그러나 내가 생각하기에는 분명 다른 동기도 있었다. 최근 노르웨이에서 출판된 한 책은 "스칸디나비아인들의 호전적 사회에서 여성들이 차지하는 역할"이 상당히 중요했다는 점을 확인해준다. "자존심 세고 억센 바이킹족 여성들은 때때로 위험천만할 정도로 변덕스러웠고, 그때마다 순순히 말을 들으려 하지 않았다."

그렇게 억센 여성들을 아내로 둔 남성들이 오랫동안 해외에 체류하기로 결정한 것은 놀라운 일이 아니다. 특히 바이킹족 남성들이 남쪽 나라에서 즐거운 기회들을 발견하여 고향의 어려운 문제들을 잊을 수 있었으니 더욱 그러했을 것이다. 『생베르탱 연대기Annales de Saint-Bertin』에 따르면, 865년에 대규모의 노르만족 부대가 "포도주를 찾아 파리에 약 200명의 선발대를 파견했다".

당시의 무차별적인 폭력과 고된 삶의 조건 때문에 사망률이 치솟았다. 이런 사망률 증가 속에서 한 사회가 생존하려면 출산율도 그만큼 증가해야 한다는 것은 지당한 말씀이다. 로마제국의 몰락 이후 유럽인들은 다행히도 납 복용으로 불임률을 증가시키는 나쁜 습관을 버렸다. 이는 좋은 일이었다. 그러나 동시에 동양과의 무역은 늘 쇠퇴일로

였고, 그 결과 동양산 후추는 서양에서 늘 희소하고 비싼 식자재가 되었다. 벨기에 출신의 위대한 역사가 앙리 피렌 Henri Pirenne과 그의 학파는 7세기와 8세기에 이슬람의 침입으로 이미 비틀거리던 동서양 무역 관계가 치명타를 얻어맞았음을 입증하는 상세한 연구를 수행했다. 그 결과, 서양에서 후추는 그 어느 때보다 희귀해졌다.

3. 후추는 강력한 최음제로 알려져 있다. 그런 후추가 없었으니, 유럽인들은 지방 귀족들과 스칸디나비아 전사들, 마자르 침략자들, 아랍 해적들로 인해 초래된 인명 손실을 거의 벌충할 수 없었다. 인구는 감소했고, 도시는 텅 비었으며, 숲지와 늪지만이 점점 늘어났다. 이 세상에서 더 나은 삶을 기대하기 힘들어졌기에 사람들은 점점 더 저세상의 삶에 기대를 걸었고, 그렇게 천상에서 보상받겠다는 일념으로 현세에서 후추의 결핍을 견뎌낼 수 있었다.

오직 바보들만이 미래를 낙관적으로 볼 수 있었다. 현자들은 성스러운 두려움에 몸을 떨었고, 많은 이들이 흉포하고 유혈적인 세상을 피하기 위해 수도원의 평화 속으로 숨어들었다. 이제 예언자들이 고지한 대로 계시록의 무시무시한 기사들만 나타나면 상황 끝이었고, 모든 사람이 체념한 상태에서 서기 999년 12월 31일 자정을 기해 그런 상황이 닥치리라고 확신했다. 그 무서운 날 23시 30분부터 엄마들은 저마다 제 아이들을 가슴에 품었고, 연인들은 서로 부둥켜안고 최후의 슬픈 사랑을 나누었다. 그 무서운 운명의 자정이 어김없이 도래했으나, (모두가 망연자실하게도) 계시록의 기사들은 나타나지 않았다. 이 어긋난 약속이야말로 유럽사의 '전환점'이었다.

---

4. 새로운 밀레니엄은 능히 서유럽의 밀레니엄으로 간주될 수 있다. 이 새로운 시대를 열어젖힌 공로는 당대의 두드러진 두 인물에게 돌아갈 수 있는데, 한 사람은 브레멘의 주교요, 다른 한 사람은 은자 피에르다. 이 두 사람은 궁극적으로 유럽 제국주의의 창시자들이었다. 브레멘의 주교는 꿀과 야생 짐승의 고기라면 사족을 못 쓰는 사람이었다. 그

에 비해 피에르는 매운 음식을 몹시 좋아했다. 이 두 사람이 한 일은 사실 매우 단순했다. 서로 죽이는 것을 스포츠처럼 즐긴 폭력적인 인간 유형들에 둘러싸여 있던 주교와 은자는 그런 폭력의 촉매제로 행동했으니, 유럽인들이 다른 유럽인들 대신 비유럽인들을 향해 자신들의 폭력성을 분출시키게 한 것이다.

주교는 과연 독일인답게 외교적 수사 없이 분명하고 정확하게 말했는데, 1108년에 이렇게 쩌렁쩌렁한 일성을 남겼다. "슬라브인들은 불쾌한 족속이고, 그들의 땅은 꿀과 곡식, 야생 짐승의 고기로 넘쳐난다. 젊은 기사들이여, 동방으로 향하라." 그렇게 이 지독한 주교는 꿀과 곡식, 야생 짐승의 고기를 미끼로 삼아 독일의 숱한 성마른 젊은이들을 동쪽으로 몰아대어 엘베강 너머를 독일 땅으로 정복하고 종내 프로이센 국가의 모태가 된 '동방으로의 돌진Drang nach Osten'을 개시했다.

은자는 프랑스인이었다. 기욤 드 티르Guglielmo di Tiro*가

---

*기욤 드 티르Guillaume de Tyr(1130?~1175)는 지중해 동부 연안 도시인 티르의 대주교였다.

일찍이 썼듯이, "피에르는 프랑스 왕국의 아미앵 교구에서 태어났다. 그는 왜소하고 허약했으나, 가장 거대한 심장을 갖고 있었다". 기베르 드 노장Guilberto di Nogent*에 따르면, 피에르는 "아주 적은 빵만 먹었고, 생선과 포도주만으로 살았다". 그러므로 그에게는 콜레스테롤 문제는 없었다. 그럼에도 누구도 말해주지 않은 것이 한 가지 있었으니, 피에르는 후추가 들어간 음식에는 사족을 못 썼다는 점이다. 그가 생선과 포도주만을 소비한 것도 가난한 은자였지 부유한 수도원장이 아니었기 때문에 그리한 것이었다. 그러니 밀수꾼들이 서양에 몰래 반입하거나 몹시 비싼 가격으로 수입된 후추를 입수하기는 애당초 난망한 일이었다. 피에르가 할 수 있는 일이라곤 어두운 숲속에서 고요한 아름드리나무들로 에워싸인 자신의 오두막에 칩거하며 계속해서 자신의 검소한 식단에 첨가할 약간의 후추를 내려달라고 신의 섭리에 기도하는 것뿐이었다. 그러나 신의 섭리는 미량의 후추라도 어쨌든 최음제였기에 피에르의 영적 생활을 손

---

* 기베르 드 노장Guibert de Nogent(1055~1124)은 프랑스의 수도사로, 자서전으로 유명하다.

상시킬 수 있음을 알고 있었고, 그래서 후추 대신 비와 눈과 번개를 피에르에게 내려보냈던 것이다.* 이는 신의 관점에서는 현명하고 정당한 일이었으나, 보통 사람은 아니었던 피에르의 관점에서는 그렇지 않았다. 자신의 기도가 계속해서 응답받지 못한 것에 좌절한 그는, 자신의 오두막에서 원대한 계획을 하나 세웠다. 즉 성지를 이슬람교도들의 억압으로부터 해방시키는 동시에 동방과의 교통로를 다시 열어 새로이 후추를 유럽에 정규적으로 공급할 수 있게 하는 십자군 운동을 제창하는 것이었다. 이는 천상에서 달콤한 미래를 보장받을 수 있는 동시에 현세에서도 후추로 보상받을 수 있는 일거양득의 계획이었다. 피에르는 이 사업이 성공하리라는 것을 추호도 의심하지 않았다. 주님께서 자신의 엉큼한 열망을 알고 계신다고 하더라도 이슬람교도들을 섬멸하고 성지를 해방시킬 사업에 어찌 도움의 손길을 내주지 않으실 수 있단 말인가?

하나의 생각이 한 인간을 바꾼 경위는 차마 믿기 어려울

---

* 프랜시스 골턴Francis Galton의 유명한 저서인 『기도의 효능에 대한 통계학적 조사Statistical Inquiries into the Efficacy of Prayer』에는 피에르의 기도에 대한 부정적 결과는 전혀 언급되어 있지 않다―지은이.

지경이다. 은자 피에르, 즉 묵언 수행 중의 고독한 피에르는 어두운 숲속의 고요한 아름드리나무들에서 박차고 나와 이 집 저 집, 이 마을 저 마을, 이 성 저 성을 찾아다니며 감히 거역할 수 없는 말로 사람들의 영혼과 심금을 울려댔다. "그는 위대한 웅변가였다." 그렇게 기욤 드 티르는 경의를 표하며 적었다. 그러나 그가 성공한 비결이 단지 그의 덕 때문만은 아니었다. 일련의 사회·문화적 요인들이 작용했던 것이다.

---

5. 모든 형태의 인적 이동에는 밀고 당기는 힘이 있다. 확실히, 후추는 당기는 힘이었다. 반면, 포도주는 미는 힘이었다. 프랑스인 뤼트뵈프Rutebeuf*는 일군의 귀족들이 밤새도록 질펀하게 포도주를 퍼마신 후 온통 십자군의 열정에 들떠 전투의 무용담과 영웅적 행위를 꿈꾸며 고성을 질러댔다고 언급했다. 뤼트뵈프가 이 글을 쓴 것은 13세기였지만,

---

* 뤼트뵈프 혹은 뤼스트뵈프Rustebuef(1245~1285)는 프랑스의 음유시인이다.

그의 증언이 갖는 의미는 피에르와 그의 추종자들에게도 소급 적용될 수 있다. 이미 앞에서 말할 기회가 있었듯이, 기베르 드 노장에 따르면, 피에르는 "생선과 포도주만으로 살았다". 물론 그의 추종자들은 생선을 좋아하지 않았을지 모르지만, 필시 포도주라면 거부하지 않았을 것이다.

당시의 경제적·사회적 상황은 피에르의 프로젝트에 유리한 방향으로 돌아갔다. 공식적으로 교회는 항상 귀족들의 폭력적이고 유혈적인 행동거지를 질책해왔다. 그런데 피에르는 그런 귀족들에게 교회의 비난은커녕 칭송을 받으면서 마음껏 몽둥이를 휘두를 수 있는 가능성을 제공했다. 엄격한 봉건법에 따라 상속 재산을 물려받지 못한 젊은 귀족 자제들은 피에르의 계획을 듣고 동방에서 영지를 정복하는 동시에 전지전능한 하느님의 눈앞에서 공덕도 쌓을 수 있는 가능성을 발견했다. 그리고 보통 사람들도 삶을 바꿀 수 있는 가능성을 엿보았다. 즉 자신들의 고통스러운 상태에 종지부를 찍고 주님의 허락과 은총 아래에서 동방의 금은보화를 약탈하는 데 참여할 가능성을 보았던 것이다.

6. 산업혁명 이전에 교통과 통신은 느리고 불편했다. 로마인들의 시대에도 도로와 교량을 이용할 수는 있었지만 느리고 불편하기는 매한가지였다. 로마제국이 붕괴한 이후에 도로들은 파괴되고 교량들은 무너졌기 때문에 교통과 통신은 더 불편하고 더 느려졌다. 사람들은 가능한 곳에서는 수로를 이용하기 시작했다. 그러나 피에르의 시대에 지중해는 거의 완전히 이슬람 해적들의 수중에 있었다. 피에르와 그의 추종자들은 이슬람교도들과의 한판 승부를 원했지만, 넓은 바다에서는 승부하려 들지 않았다. 귀족들은 말안장에 앉아 있을 때는 용감했지만, 뱃멀미에 시달릴 때에는 전혀 그렇지 못했다. 뱃멀미에 시달리느니 차라리 이슬람 해적과 맞닥뜨리는 것이 나았다. 그렇기에 십자군의 대다수는 적어도 제노바나 베네치아까지는 육로를 선택했다.

원정 길은 멀었고, 이를 십자군도 잘 알고 있었다. 게다가 십자군은 포도주와 피에르의 말에 취한 상태였긴 해도 이교도들을 무찌르는 데는 상당히 긴 시간이 필요할 것이라는 점을 충분히 알고 있었다. 그러므로 앞으로 수년 동안 고향 땅과 아내를 다시 볼 수 없을 거라는 것도 알고 있었다.

스칸디나비아라는 예외적인 경우를 한쪽에 젖혀두면, 중세 유럽이 확고부동한 남성의 지배 아래에 있었다는 것은 절대적으로 확실하다. 남성은 절대적 지배자이자 주인이었다. 당시 여성들이 그런 상황을 속으로 어떻게 생각했는지는 알 길이 없지만, 적어도 말로는 남성의 우위를 받아들였다. 그럼에도 속담은 말하기를, "자기 아내를 믿는 것은 좋은 일이지만, 더 좋은 일은 믿지 않는 것"이라고 했다. 거의 모든 십자군이 낫 놓고 기역자도 몰랐으나 이 속담만큼은 알고 있었다. 이런 사회·문화적 맥락에서 정조대라는 발상이 나왔다. 십자군마다 출발하기 전에 고약한 불장난을 예방해야겠다고 생각하여 (아내에게는) 불편하지만 (남편에게는) 안심이 되는 정조대를 아내에게 채웠다.* 당시는 유럽 대장장이들의 황금기였고, 유럽 야금업은 강력한 팽창 국

---

*모든 유럽 여성들이 정조대에 포박된 채 집에 남아 있는 데 동의한 것은 아니었다. 후추를 사랑했던 몇몇 여성들은 십자군의 뒤를 따랐다. 예컨대 아랍 연대기 작가인 이마드 앗 딘Imad ad Din에 따르면, 어느 날 "중동의 한 항구에 300명의 아름다운 유럽 여성들이 도착했다. 그들은 모두 젊고 아름다웠는데, 이들은 십자군에 몸을 맡기고서 원정에 참여했다. 그들은 아름답고 풍만한 동시에 오만하고 자신감이 넘쳤는데, 이 모든 이들이 많은 것을 제공하는 대가로 많은 것을 돌려받았다"―지은이.

면에 접어들었다. 이는 앞으로 있을 일련의 스펙터클한 발전의 시작이었을 뿐이다.

———————— ❧ ————————

7. 이슬람교도들이 패배했다. 피에르는 후추라는 자신의 소망을 쟁취할 수 있었고, 어두운 숲속의 고요한 아름드리나무들을 까맣게 잊어먹었다. 십자군도 동양에서 흥미진진한 것들을 숱하게 발견했고, 기쁨에 넘쳐 자신의 고향 땅과 정조대를 찬 아내를 까맣게 잊어먹었다. 당대의 연대기 작가인 샤르트르의 푸셰Fulcher di Chartres*는 이렇게 썼다.

　원래 서양인이었던 우리는 동양인이 되었다. 우리는 이미 고향 땅을 잊었다. 마치 아버지나 상속권을 통해 물려받은 것처럼 이미 집과 가족, 하인들을 소유한 자도 있다. 아내로 고향 여인이 아니라 시리아 여성이나 아르메니아 여성, 심지어

_____

* 샤르트르의 푸셰Foucher de Chartres(1059?~1127)는 퓔케리오Fulquério나 퓔셰르Fulcher라고도 불리고, 영어로는 풀커Fulcher of Chartres라고 불린다. 제1차 십자군에 종군한 프랑스 출신의 연대기 작가이다.

세례받은 이슬람 여성을 맞이하는 자도 있다. 매일같이 우리의 부모들과 친구들이 서양에서 모든 재산을 기꺼이 처분한 후 이곳에 오고 있다. 주님은 거기서는 가난했던 자들까지도 여기서는 부자로 만들어주신다. 한줌밖에 안 됐던 돈이 산더미가 되고 황금으로 변한다. 그럴진대 왜 서양으로 돌아가겠는가?

이처럼 우리 주님과 후추, 황금, 은자들, 봉건 영주님네들, 이슬람 여성들이 기묘하게 뒤얽힌 믿기 힘든 사업에서 유일하게 정신줄을 놓지 않은 이들이 바로 이탈리아인들이었다. 그들 중에서 특히 베네치아인들은 일찍이 게르만족이 침입해온 어려운 시절에 늪지 한가운데의 작은 섬들로 피신한 바 있었고, 10세기의 한 관찰자가 본 대로 그 섬들에서 "쟁기질도 안 하고 씨고 안 뿌리며 수확도 하지 않았다illa gens non arat, non seminat, non vindemiat". 그들은 살기 위해서 상업에 투신해야 했다.

몇 년 전 한 미국 역사가는 "상업과 온갖 수단으로 얻은 이윤에 대한 베네치아인들의 탐욕에 비교할 수 있는 것이 있다면, 양심의 가책이라곤 일절 없는 제노바인들의 탐욕

뿐이다"라고 썼다. 한 영국 경제학자도 몹시 비판적인 어조로 이렇게 썼다. "순진한 십자군은 그들이 별로 혹은 전혀 알지 못하는 상업적 이해관계의 망에 둘러싸였다. 십자군에 선박을 제공한 베네치아인들은 양심의 가책이 없는 장사꾼이 장날에 시골 얼뜨기를 속여먹듯이 뻔뻔스럽게 십자군을 속여먹었다." 이런 비난과는 별개로 진실은, 이탈리아인들이 기독교도들의 성지 점령에서 막대한 상업적 가능성을 본능적으로 직감했다는 것이다. 피에르가 후추를 갈망한 유일한 유럽인은 아니었다. 서양에는 피에르 같은 이들이 수천, 수만 명에 달했고, 이탈리아인들은 (비록 시장조사를 거치지는 않았으나) 무역을 장악하여 막대한 초과이윤을 끌어냈을 뿐이다. 만일 네덜란드인들과 독일인들, 영국인들이 그처럼 행동했더라면, 프로테스탄트 윤리와 원原자본주의의 모범적 주인공들을 보여주는 찬탄할 만한 사례로 역사책에 기록되었으리라. 유독 이탈리아인들에 대해서만 이는 "탐욕"과 "상업 윤리의 부재"를 보여주는 개탄할 만한 사례로 규정되었다. 어쨌거나 이탈리아 상인들의 노력으로 후추 무역은 예외적인 팽창의 세기로 진입했다. 이집트의 알렉산드리아에서는 거리 전체가, 아니 구역 전체가 후추 무역에 할당되었고, 서양에서 후추는 몇 세기 동안 거의 보이지 않다가 점점 대량으로 시장과 식당에 나타나게 되었다.

―

8. 서유럽 세계는 우울하고 슬픈 시대를 뒤로하고 마법에 걸린 듯 생동감과 에너지와 낙관주의가 넘쳐나는 땅으로 변모했다. 후추 소비 증가로 활력이 충전된 남성들은 정조대를 착용한 주위의 아름다운 여성들과 어울리며 돌연 철 제작에 큰 관심을 표명했다. 많은 이들이 대장장이로 변신했고, 거의 모든 사람이 정조대를 열 수 있는 열쇠를 생산하기 시작했다. 이는 두 가지 중요한 결과를 낳았다.

　1) 대장장이라는 뜻의 성姓이 점증했다. 영국에서는 스미스Smith, 독일에서는 슈미트Schmidt, 이탈리아에서는 페라리Ferrari나 페라리오Ferrario나 페레로Ferrero나 파브리Fabbri, 프랑스에서는 파브르Favre와 페브르Febvre, 르페브르Lefevre 등의 성씨들이 그렇다.

　2) 유럽의 야금업이 발전하여 초기 이륙과 "지속 가능한

성장"의 국면으로 진입했다.

후추는 상하지 않는다는 중요한 특성을 지니고 있었다. 그렇기에 웬만한 사람이라면 거부할 리 없는 유동자산이었다. 따라서 후추는 에너지의 원천으로뿐만 아니라 교환 수단으로서도 사용되었다. 이처럼 후추가 자주 화폐 노릇을 하면서 상인들도 금융가들이 되었고, 가난한 자들이건 사치스런 영주님네들이건 가리지 않고 너도 나도 고리대금업에 종사했다. 상인들은 한편으로는 살라딘^{Saladino}*에게 무기를 팔면서 다른 한편으로는 유럽인들에게 최음제인 후추를 팔고, 나아가 막대한 규모로 고리대금업까지 하는 가운데 자신들이 우리 주님 앞에서 아주 난처한 입장에 놓이게 되었음을 짐짓 깨닫게 되었다. 그렇기에 양심의 가책을 덜려고 상당한 양의 돈을 자선사업이나 교회 헌금으로 지출했던 것이다. 이탈리아 상인들은 회계와 기업 경영에 특출한 재능이 있어서 자신들의 회계장부에 "우리 주님의 계좌"라는 이름의 특별 계좌를 만들어 여기에 막대한 양의 돈을

---

* 살라딘^{Saladin, Salah ad-Din}(1137~1193)은 이집트와 시리아의 술탄이자 아유브왕조의 개창자로 십자군의 맞수였다.

정확하고 꼼꼼하게 기입했다.

상인들의 헌금을 받은 주교들과 수도원장들은 상당액을 교구 성당과 대성당, 수도원을 짓는 데 사용했다. 게다가 주교들과 수도원장들은 지난 수 세기 동안 자신들의 금고에 막대한 현찰을 쟁여놓아 유럽 경제를 극심한 불황에 빠뜨려놓더니 후추가 시장에서 유통되자 자신들의 금고를 활짝 열어 상당량의 현금을 유통시킴으로써 실질 총수요를 부풀려놓았다. 그리하여 대성당을 짓는 데 지출된 막대한 양의 현금은 인부들에게 일자리와 일당을 제공했고, 인부들은 인부들대로 벌어들인 돈으로 빵과 옷을 구입하면서 다시 제빵업자들과 재단사들에게 일거리를 제공했다. 이런 방식으로 '승수효과'가 유럽 경제를 견인하고 그 발전을 촉진했던 것이다.

이에 따라 인구도 명백히 증가했다. 그럼에도 a)후추 무역의 팽창과 b)이 팽창의 등락 효과와 c)'승수효과'와 '가속 효과'의 결과 때문에 소득 증가율이 인구 증가율을 압도했고, 1인당 소득이 증가하여 13세기 말경에 이르면 서양은 맬서스의 덫에 떨어지는 것을 피할 수 있게 되었다.

이런 상황을 계량경제사의 용어로 표현하면 다음과 같다.

대규모 인구 이동이 없다고 가정할 때,

$$\Delta N = B - D$$

이 공식에서 ΔN은 인구 증가를 가리키고, B는 출생자 수를, D는 사망자 수를 가리킨다. D는 단기간에는 극단적인 등락을 보이지만, 대체로 안정적인 수준을 유지한다. 한편,

$$B = \alpha Pc$$

이 공식에서 B는 출생자 수를, α는 후추의 최음 효과 상수를, Pc는 후추의 소비율을 가리킨다. Pc의 증가와 더불어 B와 ΔN이 매우 높은 비율로 치솟는다. 우리는 Pc = Pt라는 등식을 얻게 되는데, 이 등식에서 Pt는 후추 무역이다. 조금 전에 대성당과 인부들, 제빵업자들, 재단사들에 대해 확인한 것과 관련하여 명백히 $\Delta Y = \beta Pc$라는 등식이 성립하는데, 이 등식에서 ΔY는 소득 증가를 가리킨다. 이 모든 사실로부터 다음과 같은 공식이 나온다.

$$\Delta N = (\alpha/\beta)\Delta Y - D$$

$\alpha/\beta < 1$이라고 가정하면, 우리는 다음과 같은 공식을 얻게 된다.

$$\Delta N = \frac{\alpha}{\beta}\Delta Y - D < \Delta Y - D$$
$$\Delta N < \Delta Y - D < \Delta Y$$

쉽게 말해, 소득 성장률이 인구 증가율보다 훨씬 빠르게 증대했고, 그럼으로써 이미 말했듯이 맬서스의 덫에 빠지는 것을 피한 것이다.

경제 혁명에 뒤이어 중요한 사회 혁명이 일어났다. 한 미국 사회학자는 몇 년 전에 이런 명제를 제시한 바 있다. "베버Max Weber가 『프로테스탄트 윤리와 자본주의 정신』에서 제시한 논리는 이미 프로테스탄트가 등장하기 이전에도 작동하여 봉건제의 몰락에 근본적인 역할을 수행했다. 간단히 말해, 이런저런 이유로 토지 소유자들을 대신하여 도시들이 성장했다. 도시의 자본 축적 과정에서 토지 소유자들은 몇몇 대책들에 의존하지 않을 수 없었는데, 이 대책들이 결국 (봉건) 체제의 몰락을 야기했다." 이 명쾌한 결론을 뒷받침하고 정교화하며 명료하게 하려고 무려 27쪽에 달하는 (학계에서 널리 지지받는) 대수학이 필요했다.

'프로테스탄트 이전의pre-protestanti' 프로테스탄트들은 서유럽에서 괄목할 만한 성공을 거두었다. 도시들이 팽창하면서 점점 더 확장된 도시의 성벽 안에서 프로테스탄트 이전의 프로테스탄트들(즉 도시의 상인 부르주아지)은 언제나 적들보다 더 중요한 사회적 지위와 더 많은 역할을 획득했다. 귀족들이 자기 아들들에게 말 타고 사냥하며 결투하는 법을 가르치고 있었을 때, 프로테스탄트 이전의 프로테스탄트들은 도시들에서 회계 학교를 열었다. 이 두 계급은 오직 한 가지 점에서만 일치를 보았다. 즉 인간이 아니라 짐나르는 가축으로 간주된 농민들을 극단적으로 착취했다는 사실이 바로 그것이다. 농민들은 이따금씩 반란을 일으켰지만, 항상 원래 있던 자리로 되돌려지는 것으로 끝났다.

당시의 이야기꾼들이 후렴구식으로 반복했듯이.

예절도 모르는 촌뜨기들은
언제나 가난뱅이

촌뜨기들은 야바위꾼에

비렁뱅이에 거짓말쟁이

Rusticani non civiles

semper erunt et sunt viles

Ruticani sunt fallaces

sunt immundi, sunt mendaces

---

9. 영국에는 항상 비가 왔고, 그래서 우산을 발명한 사람이 영국인이었다는 것은 우연이 아니다. 그러나 지금 우리가 고찰하고 있는 시대에 영국은 단지 비가 많이 오는 나라였을 뿐만 아니라 저발전된 나라이기도 했다(여기서 저발전이란 오늘날의 기준에서 보아도 그렇고 당대의 기준에서 보아도 그러했다는 말이다). 영국은 비가 많이 오고 그래서 우울하며 게다가 저발전 상태였고, 설상가상으로 인구도 상대적으로 적은 나라였다. 이런 전체 환경은 일련의 중요한 결과들을 낳았다. 풍부한 강수량과 습기 찬 기후는 양질의 풍부한 목초지를 낳았다. 다시 양질의 풍부한 목초지는 예외적인 품

질의 양털을 낳았다. 다시 예외적인 품질의 양털은 1등급의 풍부한 양모를 낳았다. 주민 수가 적고 저발전 상태라는 사실은 이런 의미를 가졌다. a) 양모 생산이 국내 양모 수요를 초과했다. b) 영국인들은 양모를 완성품 형태로(즉 직물로) 제조하기보다는 오랫동안 원료 형태로 공급했다.

이 대목에서 이야기의 흐름을 끊을 우려는 있지만 자연스레 영국의 운명과 이탈리아의 운명을 대조해보게 된다. 영국은 (중세에) 양모가 수요가 많은 원료였을 때 양질의 양모를 얻을 수 있었다. 또한 (산업혁명 시대에) 석탄이 귀중한 원료였을 때 양질의 풍부한 석탄을 얻을 수 있었다. 나아가 (오늘날) 석유가 생산 활동에서 가장 많이 사용되는 동력원이 되었을 때 북해에서 원유를 얻을 수 있었다. 이와는 반대로 이탈리아는 중세에는 소량의 저질 양모만을, 산업혁명기에도 극소량의 저질 석탄만을, 오늘날에도 극소량의 저질 원유만을 얻을 수 있었다. 그 대신, 이탈리아에는 무엇보다 교회를 꾸미고 공동묘지 기념물을 세우는 데 이용될 대리석이 언제나 풍부했다.

필요가 발명을 낳는 법인데, 과연 중세 이탈리아인들은 어떻게 발명을 낳을지 알고 있었다. 유럽 대륙에서 프로테스탄트 이전의 프로테스탄트들은 지위에 걸맞게 옷을 입는 데 적지 않은 돈을 썼고, 항상 세련된 직물을 찾았다. 2 더 하기 2가 4이듯, 이탈리아 상인들도 이런 여러 가지 사실들을 더하여 합산된 결과를 얻고자 했다. 그들은 영국산 양모를 수입했고, 축융기들을 도입해 생산 과정을 기계화하여 효율적으로 직물을 제조했으며, 이로부터 상당한 이익을 끌어냈다.

영국산 양모의 대부분은 영국 수도원들과 수녀원들의 소유지에서 공급되었다. 14세기 전반의 잘 알려진 피렌체 상인인 프란체스코 디 발두치오 페골로티Francesco di Balduccio Pegolotti는 자신의 목록에서 이렇게 열거하고 있었다.

카스텔로 교단 소속 수도원 67곳
프로무스티에리 교단 소속 수도원 41곳
네로 교단(베네딕투스) 소속 수도원 57곳
수녀원 20곳

이런 종교 시설들이 양질의 영국산 양모를 판매했던 것이다.

번성하는 양모 무역 덕분에 영국의 수도사들은 아주 부유해졌다. 그런 부의 일부는 수도원을 재건하거나 장식하는 데로, 일부는 새로운 토지를 구매하는 데로 흘러들어갔으나, 부의 대부분은 비가 많이 오고 축축한 곳에 사는 사람들을 휘감고 있던 우울증을 퇴치하기 위해 지출되었다. 수도사들도 후추를 좋아하기는 했지만, 수도사인 이상은 그 부작용 때문에 후추를 너무 많이 섭취할 수는 없었다. 그렇기에 후추 외에 남는 것은 포도주뿐이었다.

포도주는 로마인들이 처음 영국에 들여왔는데, 기독교도들은 포도주를 보관하기 위해 온갖 노력을 기울였다. 원거리 무역이 사실상 불가능하고 프랑스산 포도주의 공급이 매우 불안정했던 중세 한창때에 영국인들은 자기들 섬에서 광범위하게 포도를 재배했다. 그러나 이들의 포도주는 질이 낮았다. 정복왕 윌리엄Guglielmo il Conquistatore*도 이 점을 잘 알고 있었다. 1066년에 영국을 침공했을 때, 상당량의 프랑스산 포도주도 함께 갖고 갈 생각을 했으니 말이다.

---

* 정복왕 윌리엄William the Conqueror(1028?~1087)은 원래 노르망디 공작 기욤 2세로, 1066년 잉글랜드를 정복하며 윌리엄 1세로 즉위하여 노르만왕조를 개창했다.

수 세기 동안 잇따라 벌어진 일들로 인해 사태는 더 꼬였다. 1137년 크리스마스에 아키텐의 알리에노르Eleonora d'Aquitania*가 프랑스의 루이 7세와 결혼하며 지참금으로 엄청난 포도원이 포함된 방대한 아키텐 공작령을 갖고 왔다. 그러나 이 결혼은 성공적이지 못했다. "알리에노르는 루이 7세와 같이 섬세한 남성에 잘 어울리는 여성은 아니었던 듯하다." 바로 이 구절로 한 영국 역사가는 '돌려 말하기understatement' 분야 세계 문학상 수상자가 되었다. 우리가 알고 있는 한 알리에노르는 대단히 아름답고, 몹시 지적이며, 교활하고, 불굴의 의지를 갖춘 극도로 원기 왕성한 여성이었다. 그녀는 후추를 초콜릿처럼 먹어치웠다(그러나 당시 유럽에 초콜릿은 아직 없었다). 반면 루이 7세는 경건했고, 자신의 아내를 사랑했으나, 결코 아내를 지적으로나 심리적으로, 육체적으로 만족시킬 수는 없었다. 루이 7세가 좋아한 동반자는 수도사들이었고, 왕은 그들과 함께 성가를 부르는 것을 사랑했다.

──────

* 알리에노르 다키텐Aliénor d'Aquitaine(1122?~1204)은 프랑스 왕 루이 7세의 왕비였다가 그와 이혼한 후 영국 왕 헨리 2세의 왕비가 되었다. 헨리 2세는 알리에노르와의 결혼으로 프랑스 안의 방대한 영지를 차지하게 되었다.

1144년 교황 에우제니오 3세는 중동에서 아랍 세력의 반격으로 십자군이 인명과 영토를 상실하자 진심으로 괴로워했고, 이에 루이 7세를 설득하여 이슬람 세력의 진격을 막고자 제2차 십자군을 조직했다. 루이 7세는 베르나르 드 클레르보Bernardo da Chiaravalle*의 도움으로 휘하 귀족들을 설득하여 자신을 따라 십자군에 종군하도록 하는 데 성공했다. 알리에노르는 정조대를 하고 집에 남아 코바늘뜨기나 하고 있을 유형의 여성은 아니었고, 남편과 그의 귀족들을 따라 십자군에 종군했다.

그러나 중동에서의 모험은 남편과 아내의 유대를 돈독하게 하는 대신 오히려 완전히 파괴해버리는 것으로 끝났다. 알리에노르는 동양의 경이롭고 즐거운 정경에 극도의 흥분을 감추지 못했고, 예전보다 더 원기 왕성해졌다.

반면 루이 7세는 (이슬람교도들과 전투를 벌이지 않을 때면) 항상 여가 시간을 수도사들과 함께 성가를 부르며 보냈다. 알리에노르는 곳곳을 쏘다니면서 자신의 남편이 "왕보다는

———

* 베르나르 드 클레르보Bernard de Clairvaux(1090~1153)는 프랑스의 수도사로 시토회를 창립하고 제2차 십자군에 종군했다.

수도사에 가깝다"고 말했다. 필경 왕비에 우호적이지 않은 한 연대기 작가에 따르면, 어느 날 왕비는 왕에게 버럭 화를 내며 왕이 "물러터진 배보다도 못하다"고 쏘아붙이기도 했다.

이 커플은 1149년 11월 파리로 귀환했다. 두 사람 주위에는 두 명의 사제가 맴돌고 있었으니, 한 명은 온유하고 교양이 풍부한 예술 애호가인 쉬제르Suger였고, 다른 한 명은 단연코 엄숙주의자인 베르나르 드 클레르보였다. 쉬제르는 1151년에 사망했고, 그의 죽음과 더불어 국왕 커플의 결혼을 구원해줄 요소도 사라져버렸다. 이제 남아 있는 사람은 매력적인 여성을 의혹과 적대의 감정으로 바라보았을 뿐만 아니라 루이 7세에게 알리에노르에 대한 의혹과 적대의 감정만을 심어주었던 엄숙주의자뿐이었다. 이 엄숙주의자가 루이 7세에 미친 운명적 영향은 결정적이었다. 왕은 교황에게 근친 관계라는 이유로 결혼 무효를 요청했고, 마침내 1152년 3월 루이와 알리에노르의 결혼은 무효가 되었다.

결혼을 무효로 돌린 후 루이는 프랑스의 모든 교회에 '찬미가Te Deum'를 울리게 하라고 명령했으나, 찬미가가 채 끝나기도 전에 청천벽력 같은 소식을 접해야 했다. 불굴의 알리에노르가 1152년 5월 18일에 자기보다 11살 어리고 모계 쪽으로 영국의 왕위 계승자인 노르망디 공작 헨리와 결혼했다는 소식이 바로 그것이었다. 헨리는 부계 쪽으로는 프랑스의 노르망디와 멘, 앙주, 투렌을 상속받았다. 그는 알리에노르와 결혼하면서 아키텐까지 확보했다. 1154년에는 헨리 2세로 영국 왕위에 즉위했다. 그렇게 1154년이 된 후 영국 왕은 영국 땅만이 아니라 프랑스 땅의 2/3를 통제하게 되었다. 물론 여기에는 번창하는 엄청난 포도원들도 포함되어 있었다.

프랑스산 포도주가 대량으로 영국 시장에 유입된 것도 바로 이때였다. 영국의 존 왕은 푸아투와 노르망디를 잃은 후 보르도를 프랑스 내 영국 권력의 거점으로 만들었다. 이 때문에 영국의 포도주 소비자들은 보르도산 클라레chiaretto*에 탐닉하기 시작했다. 가스코뉴 포도주를 처음으로 선적한 배가 1213년 사우스햄튼항에, 이듬해에는 브리스톨항에 도착했다. 당시 영국 수도사들이 만든 양모의 판

---

* 클라레claret는 짙은 적색을 띤 보르도산 포도주의 명칭이다.

매량도 급증하고 있던 상황이었다. 13세기 말경 영국은 연간 평균 3만 포대의 양털을 수출했다. 이와 더불어 가스코뉴산 포도주 무역도 성장하여 역사가들은 14세기 초에 보르도가 영국에 연간 평균 70만 리터의 포도주를 수출했다고 주장했다.

중세 자본주의가 정점에 달한 것도 바로 그때였다. 후추와 포도주, 양모가 전반적인 번영의 주요 요인들이었고, 특히 후추는 일찍이 마르크스가 역사의 원동력이라고 불렀던 바의 역할을 자연스레 수행했다.

10. 롱고바르도인 베르톨도Bertoldo는 화창한 날이면 불행해했는데, 왜냐하면 이제 남은 날은 찌푸린 날밖에 없을 거라고 생각했기 때문이다. 대신 정반대의 이유로 비가 오는 날이면 행복해했다. 서기 1000~1300년의 서유럽 경제에는 화창한 날들이 너무 많았다. 베르톨도의 법칙에 따르면, 이제 남은 날은 찌푸린 날밖에 없었다. 그리고 사실이 그러했다.

영국 왕들에게 포도주는 없어서는 안 될 기호품이었고,

심지어 숭배의 대상이기까지 했다. 에드워드의 막내아들 헨리가 성령 강림절 저녁에 아프기 시작하자 왕이 아기 욕조에 포도주를 한 통이나 붓게 할 정도였으니 말이다.

중세에는 특별한 숙성 장치 없이 포도주를 생산했다. 그 때문에 보관된 상당량의 포도주가 시어터지기 일쑤였다. 영국의 주권자들은 통상 좋은 포도주는 자기 식탁에 내오 게 하고 변질된 포도주는 손님들에게 대접하도록 해왔다. 헨리 2세의 궁정에서 서기 역할을 했던 피에르 드 블루아 Pietro di Blois는 이렇게 언급했다.

나는 심지어 고위 귀족에게도 아주 탁한 포도주가 나오는 것을 보았다. 눈을 질끈 감고 이를 악물고 구역질을 참으며 입을 비틀어야만 먹을 수 있는, 그것도 마신다기보다는 그냥 넘겨야 하는 쓰레기 같은 포도주였다.

요컨대 영국의 주권자들에게 포도주는 진지한 것이었다. 그렇기에 1330년에 영국 왕과 프랑스 왕 사이에 프랑스의 포도 재배 지역들을 누가 통제하느냐를 둘러싸고 심각한 분쟁이 발생한 것도 놀라운 일이 아니다. 이런 싸움의 불길

한 귀결이 곧 '백년전쟁'으로 알려진, 실제로는 116년간 지속된 양국 간 전쟁이었다. 이 끝나지 않는 분쟁의 진정한 영웅은 한 여성, 즉 잔 다르크Giovanna d'Arc였다. 그녀가 영국 왕에 맞서 용감하게 싸워준 덕택에 프랑스산 포도주는 (영국이 아닌) 프랑스의 관리하에 '원산지 보증 표시appellation contrôlée'를 획득할 수 있었다. 그러나 긴 전쟁으로 두 나라의 재정은 거덜났고, 용병대에 의해 황폐화된 프랑스의 수많은 포도원들도 결딴났다. 군율이 무너진 한 무리의 병사들은 말로 표현할 길 없는 약탈 행위를 저질렀으니, 포도주 생산을 위해 농민들이 사용할 적지 않은 물적 자본을 파괴한 것이다. 병사들은 정복지에서 눈에 띄는 대로 포도주 통들에 보관된 과즙을 마셔버린 후에 통들을 도끼로 쪼개버리거나 통 안에 변을 보기도 했다. 다시 한 번 전쟁의 야수성과 어리석음이 입증되는 장면이다.

이 참혹한 시기에 유럽은 또 다른 재앙의 타격을 입었다. 우리가 살펴본 서기 1000~1300년에 무엇보다 유럽에 수입된 모든 후추의 효과로 말미암아 유럽 인구가 괄목할 만하게 증가했다. 최근의 통계는 다음과 같은 수치를 보여주는데, 여기서 인구 단위는 100만 명이다.*

	1000년	1340년
이탈리아	5	10
스페인	7	9
프랑스	5	15
영국제도	2	5
독일 및 스칸디나비아	4	12

　　몇 년 전 한 유명한 러시아계 영국 교수가 식민화 운동은 물론이요, 그런 인구 성장에 대해 논평하면서 이렇게 썼다. "식민화 운동이 새로운 영토를 점령하면서 진전된 가운데 이 개척지들에서 나오는 수확물로 새로운 가족들이 이루어지고 새로운 주거지들이 형성되었다. 그럼에도 시간이 흐르면서 개척지들의 한계가 여지없이 드러났다. 엄청난 수확에 뒤이어 징벌의 긴 시기가 도래했던 바, 이제는 더 이상 개척지가 아닌 고갈된 토지가 경작자들에게 벌을 내리

---

* 실제 자료들에 준거한 수치들만이 유일하게 믿을 만한 것이다―지은이.

는 것처럼 보였다. 농업 생산의 하락을 이전 시대의 과잉 팽창에 대한 자연의 형벌로 해석해도 이상할 것은 없다."

유럽인들이 서기 1000~1300년에 소비한 모든 후추를 보아도 일종의 "형벌"을 받았다는 것은 이론의 여지가 없다.

후추가 무엇보다 도시의 시장들에서 판매되었으므로, 사람들은 도시들로 향했고, 여전히 안전하지 않은 시대였기에 성벽 내 아주 제한된 공간에서만 모였다. 1340년 즈음에 파리와 코르도바, 베네치아, 피렌체의 인구는 각각 대략 10만 명이었고, 볼로냐와 로마, 밀라노, 런던, 쾰른, 헨트, 브뤼헤, 스몰렌스크는 아마도 5만 명 정도였을 것이다. 다른 많은 도시들은 1만~2만 명 사이였을 것이다. 우리의 현대적 기준에서 보면, 이는 높은 수치가 아니다. 그러나 당시의 위생과 건강, 의학의 수준을 고려해보면, 1340년경의 상황은 폭발 직전이었다고 쉽게 추론할 수 있다. 그리고 실제로 폭발했다.

아시아에서 페스트는 전염성이 강했고, 1347~1351년에 유럽을 휩쓴 페스트는 명백히 아시아에서 전파된 것이었다. 동양에서 발원한 페스트는 1347년 말경에 시칠리아와 프랑스 남부에 나타났다. 1348년 6월에는 베네치아와 밀라노, 리옹, 보르도, 툴루즈, 사라고사에 출현했다. 1348년 12월에 들어서는 뮐도르프와 칼레, 사우스햄튼, 브리스톨에 도착했다. 1349년 말경에는 스코틀랜드와 덴마크, 노르웨이까지 번졌다. 불행히도 우리는 1347~1351년에 유럽에서 쥐와 벼룩의 수가 얼마나 되었는지에 대해 믿을 만한 통계치를 갖고 있지 않다. 그럼에도 우리는 로마의 상수도관이 제국의 붕괴 이후에 더 이상 사용되지 않았고 중세 유럽인들은 화장실도 거의 갖추지 못했다는 사실은 알고 있다. 중세 도시들에서는 아주 많은 사람들이 더럽고 비참한 환경 속에서 살았던 것이다. 이와 관련된 정확한 수치를 제시할 수는 없으나, 우리는 1347년 서유럽에 통상적으로 믿는 것보다 더 많은 쥐들과 그보다 더 많은 벼룩들이 살고 있었다고 확신할 수 있다.

당시 사람들은 통상적으로 믿는 것보다 더 많은 쥐들과 벼룩들이 있으리라고는 생각하지 못했다. 전염의 순서가 '쥐→벼룩→사람'이라는 것도 알지 못했다. 다만, 진실은 2년 이내에 유럽 인구의 대략 1/3이 흉측한 모습으로 사라져버렸다는 것이다. 그것은 악몽이었다. 더욱이 이 대륙적 차원의 전염병은 대략 3세기 동안이나 지속될 후유증을 남겪는데, 특히 그에 뒤이어 일련의 다른 전염병들도 창궐하여 단속적이지만 무자비한 방식으로 유럽 각 지역을 차례로 초토화시켰던 것이다. 그리하여 유럽 인구는 15세기 말까지도 1340년 당시의 수준을 넘지 못했다.

이런 인구 감소로 노동력이 희소해졌는데, 이 때문에 노동자의 임금 인상 요구가 갑자기 거세졌다. 예컨대 1365년 피렌체 조폐소에서는 절망에 빠진 경영진이 정부에 이렇게 보고했다.

4명의 노동자가 자신들이 편할 때가 아니면 일하지 않겠다고 합니다. 이에 비난을 터뜨릴라치면 그들은 무례하고 오만한 말투로 오직 편할 때만, 임금을 더 받을 수 있을 때만 일하고 싶다고 소리칩니다. 상당한 임금이 그들에게 제공되었음에도 불구하고, 그들의 오만함은 끝을 모를 정도여서 항상 불량하게 행동하고, 자신들의 작업 방해에 감히 맞서려고 하는 자들을 위협하여 다른 사람들이 조폐소에서 일하지 못하게 하며, 그런 방식으로 조폐소 내부에 파벌을 만듭니다.

1350년 마테오 빌라니Matteo Villani는 "기술이 있는 자는 모두가 부유하고 탐욕스럽게 벌어들이며, 더 좋은 것들을 구매하고 향유할 채비가 되어 있다"고 썼다. 이 모든 사실은 점점 더 폭넓은 계층이 만족할 만큼 후추에 접근할 수 있게 되었음을 뜻했다. 그런 상황에서 만일 포르투갈인들이 잽싸게 개입하지 않았더라면 후추는 시장에서 구하기가 극히 힘든 상품이 되었을 테고 가격도 천정부지로 뛰었을 것이다. (다른 사람들을 항해 사업에 파견했다고 해서 '항해왕'으로 불린) 포르투갈의 엔히크^{Enrico} 왕자는 포르투갈과 극동의 후추 생산지들을 연결하는 직통 항로를 발견하겠다는 일념으로 아프리카 서부 해안을 체계적으로 탐사하는 항해 사업을 조직했다(결국에는 성공이라는 보상을 받았다). 그리하여 아프리카 서부 해안을 따라 항해에 나선 포르투갈 탐험가들은 아시아산 후추보다 훨씬 질이 떨어지기는 해도 역시 후추임에는 틀림없는 검은 후추를 대량으로 발견하여 그 상당량을 카라벨 선박에 싣고 유럽으로 돌아왔다.

그런 가운데 기묘한 일들이 벌어지고 있었다.

14세기 전반 영국 왕의 재정 상태는 장밋빛이 아니었다. 당장 왕은 피렌체 상인들로부터 상당액의 돈을 빌려야 했는데, 대출금 규모가 어느 정도였느냐 하면 원금은커녕 그

이자를 지불하는 것만으로도 회계사들이 골머리를 앓을 정도였다. 1337년 영국의 에드워드 왕*은 저 훌륭한 프랑스산 포도주를 위해 프랑스 왕에 선전포고를 했는데, 전쟁을 선언한 자들이 항상 그렇듯이, 이번 전쟁은 전격전guerra lampo이 될 거라고 생각했다. 그러나 전격전을 기획한 자들에게 항상 일어나는 일인데, 그런 예측은 완전히 틀렸다. 에드워드 왕의 전격전은 이미 보았듯이 116년 동안 지속되었고, 그는 이 사실을 알 정도로 오래 살지도 못했다. 그럼에도 그가 처음부터 잘 알고 있었던 사실이 있었다. 자신의 재정 자원이 전쟁 사업에 드는 비용을 감당할 수 없을 거라는 사실이었다. 1340년이 지나자마자 그는 파산을 선언했고, 피렌체 은행가들에게 대출금을 갚지 않을 거라고 통지했다. 피렌체인들에게 이 손실은 엄청난 재앙이었다. 사태는 여기서 끝나지 않는다. 심리적 관점에서 볼 때 그것은 진정한 쇼크였다. 사업 세계에서 영국 신사를 믿을 수 없다면

---

* 에드워드 3세Edward III(1312~1377)를 말한다. 그는 프랑스의 샤를 4세가 죽자 프랑스 왕위 계승권을 주장했고, 프랑스의 필리프 6세가 왕위에 올라 프랑스 내 영국 왕의 영지에 대해 몰수 선언을 하자 "소위 프랑스 왕이라는" 필리프에게 전쟁을 선포함으로써 백년전쟁을 개시했다.

젠장, 누구를 믿을 수 있단 말인가? 이로부터 피렌체인들은 논리적인 결론을 이끌어냈다. 즉 상업과 은행업을 포기하고 회화와 문화와 시에 관심을 돌렸던 것이다. 이리하여 르네상스가 시작되었고, 중세라는 시대에는 다음의 단어가 사뿐히 내려앉게 되었다.

끝

인간의
어리석음에 관한
법칙

서론

오늘날 인간사가 한심한 상태로 흘러가고 있다는 데 이의를 제기할 사람은 없을 것이다. 물론 이는 새로울 것도 없는 사실이다. 과거를 슬쩍 돌이켜보기만 해도 인간사가 늘 한심한 상태로 흘러갔다는 것을 금방 알 수 있다. 개인으로서든 조직 사회의 구성원으로서든 인간존재들이 감당해야 했던 과중한 양의 온갖 곤란함과 비참함은, 처음부터 삶이 극도로 믿기 힘든 방식으로(나로서는 감히 어리석은 방식이라고 말하고 싶은) 조직될 때부터 비롯된 것이다.

다윈Charles Darwin 이래로 우리는 인간 종이 동물의 왕국을 이루는 다른 종들과 그 기원을 공유하고 있으며, 모든 종들이 정해진 양의 일상적 시련과 두려움, 좌절, 고통, 역경 등을 감당해야 한다는 사실을 알고 있다. 그럼에도 인간 존재들은 추가적인 부담까지 떠안아야 하는 '특권'을 보유한다. 즉 같은 인간 종에 속하는 일군의 다른 개인들에 의해 야기되는, 정해진 양을 넘어서는 일상적 시련이 바로 그것이다. 이 일군의 개인들은 마피아나 군산복합체나 공산주의 인터내셔널보다 훨씬 강력하다. 이들은 조직되어 있지도 않고 특정 시스템의 일부를 이루지도 않는 집단으로, 이 집단에는 두목도 없고 회장도 없고 정관도 없다. 다만, 이들은 각 구성원의 행동이 다른 모든 구성원들의 행동이 갖는 효과를 극대화하고 널리 확산시키는 데 기여하는 방식으로, 흡사 보이지 않는 손에 이끌리듯 완벽한 조화를 이루며 소기의 성과를 달성한다. 바로 이 집단의 구성원들이 보여주는 본성과 특징, 행동거지 등이 이하에서 논의할 주제이다.

이 대목에서 이 글이 냉소주의의 산물도 아니요, 사회적 패배주의의 관행적 표현도 아니라는 점을 밝혀둘 필요가 있겠다(적어도 미생물학 서적이 그런 것보다 더 심하지는 않을 것이다). 그러기는커녕 오히려 이하의 내용은 인간의 복지와 행복의 증진을 방해하는 강력한 어둠의 힘 중 하나를 조사하고 식별하여 가능한 한 중립화하려는 건설적인 노력의 결과인 것이다.

제1장

제1기본법칙

인간의 어리석음에 대한 **제1기본법칙**은 한 치의 흔들림도 없이 다음과 같은 명제로 표현된다.

　항상 그리고 불가피하게 우리는 하나같이 주위에 있는 어리석은 개인들의 수를 과소평가한다.*

———

＊구약성서의 저자들은 제1기본법칙의 존재를 의식하고 있었고, 이를 "바보들의 수는 무한하다stultorum infinitus est numerus"는 풍자적 구절로 표현했다. 그러나 이는 시적인 과장법에 불과하다. 어리석은 자들의 수는 무한할 수 없는 바, 살아 있는 자들의 수가 유한하기 때문이다—지은이.

한눈에 이 명제는 진부하거나 자명하거나 빈약한 주장으로 보이거나, 아니면 진부하고 자명하고 빈약한 주장으로 보일 수 있다. 그럼에도 좀 더 주의 깊게 살펴보면, 이 명제의 진실성이 완전히 드러난다. 다음의 사실이 확인된다. 우리가 인간의 어리석음에 대해 아무리 양적으로 높이 평가한다 해도, 우리는 다음의 사실에 의해 거듭, 되풀이하여 놀라게 된다.

a) 우리가 과거에 합리적이고 지적이라고 판단한 개인들도 나중에는 돌변하여 명명백백한 구제불능의 어리석은 자들인 것으로 드러난다.

b) 우리는 매일같이 지겹게도 적절치 않은 장소와 순간에 뜻밖에도 느닷없이 나타나는 고집스러울 정도로 어리석은 개인들의 행동과 마주치고 그로부터 방해받는다.

제1기본법칙은 전체 인구에서 어리석은 개인들이 차지하는 수적 가치를 평가하지 못하게 한다. 어떤 식으로 수적 평가를 하든 결과는 항상 실제보다 과소평가되어 나올 것이니 말이다. 그러므로 다음 장들에서는 인구 내부에서 어리석은 개인들이 차지하는 비율을 기호 σ(시그마)로 표시할 것이다.

제2장

제2기본법칙

오늘날 서양 각국에서 우세한 문화적 경향은 인간이 평등하다는 전망을 옹호한다. 인간을 완벽하게 설비된 공장의 조립라인에서 대량으로 생산된 산물로 생각하기 일쑤다. 무엇보다 유전학과 사회학이 엄청난 양의 과학적 데이터들과 공식들을 내세우면서 모든 인간이 본성상 평등하며, 어떤 이들이 다른 이들보다 더 평등하다고 해도 이는 교육과 사회 환경 때문이지 자연 본성 때문은 아니라는 점을 입증하려고 노력한다.

문제는 널리 확산된 그런 견해를 나는 전혀 공감할 수 없다는 것이다. 다년간의 관찰과 실험에서 입증된 나의 확고

부동한 신념은, 인간이 평등하지 않고, 어떤 이들은 어리석은 반면 다른 이들은 그렇지 않으며, 그런 차이는 문화적 힘이나 요소가 아니라 불가해한 자연 본성의 유전자에 의해 결정된다는 것이다. 누군가가 어리석다는 것은 누군가가 붉은 머리카락을 갖고 있다는 것과 같다. 누군가가 어리석은 자들의 집단에 속한다는 것은 누군가가 특정한 혈액형군에 속한다는 것과 같다. 요컨대 누군가가 어리석게 태어났다는 것은 불가해하고 불가항력적인 신의 섭리에 해당하는 것이다.

내가 인간존재들 중 일부(σ)가 어리석고 이는 섭리에 해당하는 것임을 확신한다고 해도, 나는 슬며시 계급 차별이나 인종차별을 도입하려고 하는 반동적 신념의 소유자는 아니다. 다만, 내가 확고하게 믿고 있는 바는, 어리석음이 특정 개인이나 집단을 가리지 않고 출몰하는 무작위적인 특질을 지니고 있으며, 그런 특질은 일정 비율에 따라 획일적으로 배분된다는 점일 뿐이다. 이런 사실은 다음과 같은 제2기본법칙에 의해 과학적으로 표현된다.

어떤 개인이 어리석을 확률은 그 개인이 지닌 다른 어떤 특질들과도 무관하다.

이 명제와 관련하여 자연은 정말이지 놀라운 솜씨를 뽐낸 것처럼 보인다. 자연은 실로 미스터리한 방식으로 특정 자연현상들의 상대적 빈도를 일정하게 유지한다. 예컨대 인구가 북극에서 급증하든 적도에서 급증하든, 부부로 결합하는 남녀가 선진국에 살든 후진국에 살든, 또한 부부의 머리카락이 검든 붉든 희든 노랗든, 신생아들 중 남아-여아 비율은 남아가 약간 많은 비율로 일정하다. 우리는 자연이 어떻게 이와 같이 특별한 결과를 낼 수 있는지 알지 못한다. 그러나 그런 결과를 낼 수 있기 위해서는 무수하게 반복 작업을 해야 한다는 것만큼은 알고 있다. 어리석음의 빈도와 관련하여 특별하게 주목해야 할 사실도 바로 여기에 있다. 즉 자연은 어리석음의 빈도를 일정하게 유지하고, 광범위한 집단이든 제한된 집단이든 어리석은 개인들의 비율을 일정하게 유지하듯이, 관찰 대상 집단의 규모와 무관하게 어리석은 개인들이 차지하는 비율인 σ를 어디서나 동등하게 유지하는 방식으로 자신의 일을 성공리에 수행하는 것이다. 관찰 대상이 되는 현상이 어떤 것이든 이 사실만큼 자연의 힘을 특별하게 입증해주는 것은 없다.

교육과 사회 환경이 σ와 아무 관계가 없다는 것은 세계 유수의 대학들에서 수행된 일련의 실험들을 통해서도 입증된다. 우리는 한 대학의 구성원을 4개 범주로, 즉 노무직과 교직원, 학생, 교수진으로 세분해볼 수 있다.

노무직을 분석하면서 그들 중 일부인 σ는 어리석다는 점을 알 수 있었다. σ의 비율이 생각보다 높았다는 점(제1법칙)을 감안할 때, 처음에 우리는 이 결과가 우리의 결론을 입증하되, 다만 노무직의 경우 일반적으로 가난하고 교육 수준이 낮기에 σ가 생각보다 높았다고 생각했다. 그러나 다른 범주들을 분석하니 교직원과 학생들에게서도 노무직과 똑같은 비율이 확인되었다. 이보다 더 인상적인 사실은 교수진에게서 얻은 결과였다. 큰 대학이든 작은 대학이든, 명문 대학이든 비명문 대학이든 교수들 중에서도 σ의 어리석은 자들을 찾아볼 수 있었던 것이다. 이러한 연구를 특별히 엄선된 집단에게, 명실상부한 "엘리트"에게, 그러니까 노벨상 수상자들에게 확대 적용해보아도 얻은 결과는 똑같이 놀라운 것이었다. 결과는 자연의 특별한 힘을 확증해주었다. 즉 노벨상 수상자들 중 일부 역시 σ의 어리석은 자들로 구성되어 있었던 것이다.

이런 결과를 편히 받아들이기 어려울지 모르지만, 너무도 많은 실험 증거들이 이런 결과가 기본적으로 유효하다는 것을 입증하고 있다. **제2기본법칙**은 철의 법칙이며, 예외를 허용하지 않는다. 여성해방운동 단체는 이 **제2법칙**을 높이 평가했는데, 왜냐하면 이 법칙이 여성들 사이에서뿐만 아니라 남성들 사이에서도 어리석은 개인들이 똑같은 비율로 존재한다는 점을 보여주기 때문이다. 제3세계 나라들의 주민들도 이 **제2법칙**으로 위로받을 수 있는데, 왜냐하면 그것이 이른바 "선진국" 주민들도 결국에는 그리 선진적이지 않다는 점을 보여주기 때문이다. **제2기본법칙**을 좋아하든 싫어하든 상관없이 그 함의는 아무리 발버둥 쳐봤자 피할 수 없는 것이다. 즉 우아한 서클에 다니든 아니면 사람의 목을 자르는 무시무시한 폴리네시아 원주민들 사이로 은신하든, 수도원에서 고립된 생활을 하든 아름답고 육감적인 여성들과 여생을 보내려고 결심하든 하나의 사실만큼은 영원하다. 즉 어리석은 사람의 비율은 항상 동일할 것이라는 사실이다(그 비율도 **제1법칙**에 입각한 가장 우울한 예측들을 훌쩍 넘어설 것이다).

제3장
쉬어가기

이 대목에서 인간의 어리석음이라는 개념을 명료하게 하고, 이 개념을 체현한 '극중 인물dramatis persona'에 대해 규정해볼 필요가 있다.

개인들은 사회화 정도에 따라 저마다 독특한 특성을 지니게 된다. 다른 사람들과 접촉하는 것이 고통스럽지만 어쩔 수 없이 해야 하는 사람들이 있다. 이들은 문자 그대로 사람들을 견뎌내야 하며, 다른 사람들도 이들을 마찬가지로 견뎌내야 한다. 스펙트럼의 다른 극단에는 홀로는 절대 살 수 없고, 따라서 홀로 남기보다는 차라리 자신을 경멸하는 사람과 함께라도 시간을 보내야 하는 사람들이 있다. 이 두 극단 사이에 극히 다양한 유형이 분포하는데, 대체로 다수는 인간관계에 아무 관심도 없는 유형보다는 고독을 견딜 수 없는 유형에 더 가까워 보인다. 일찍이 아리스토텔레스는 "인간은 사회적 동물l'uomo è un animale sociale"이라고 갈파한 것으로 보아 이미 그런 사실을 간파하고 있었다. 그의 명제가 유효하다는 것은 우리가 사회집단을 이루어 움직인다는 사실, 독신 남녀보다 기혼자들이 더 많다는 사실, 지겹고 시끄러운 '칵테일파티들'에 많은 돈과 시간을 허비한다는 사실, 그리고 통상 고독이라는 말에 부정적인 함의가 따라다닌다는 사실로 입증된다.

우리가 은둔자 유형에 속하든 사교적 유형에 속하든 정도의 차이는 있겠으나 어쨌든 사람들과 관련을 맺고 살아갈 수밖에 없다는 것은 분명하다. 은둔자들도 제각기 사람들을 만난다. 게다가 사람들을 피해봤자 결국에는 다시 사람들과의 관계 속에 들어가게 된다. 내가 어떤 개인을 위해서든 어떤 집단을 위해서든 할 수는 있었으나 실제로 하지 않은 것은 그 특정 개인이나 특정 집단에게 '기회비용'(즉 놓쳐버린 이득 혹은 손실)이 된다. 많은 우화들이 우리에게 주는 교훈은, 우리들 각자가 다른 사람들 각자와 일종의 금전

거래 관계를 맺고 있다는 것이다. 어떤 행동을 하든 아니면 행동을 하지 않든 우리들 각자는 일정한 이득이나 손실을 보며, 그와 동시에 다른 누군가에 이득이나 손실을 끼친다. 이득과 손실은 하나의 그래프로 적절하게 도시圖示될 수 있는데, 그림 1은 이런 목적으로 사용될 수 있는 기본 도표이다.

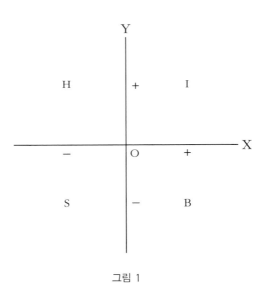

그림 1

그래프는 우리가 앞으로 티치오^{Tizio}라고 부를, 어떤 임의의 개인을 준거로 한다. X축은 티치오가 자신의 행동으로 얻는 이익을 나타낸다. Y축은 티치오의 행동으로 다른 개인이나 다른 집단이 얻는 이익을 표시한다. 이익은 양(+)일 수도 있고 음(-)일 수도 있으며 0일 수도 있다. 음의 이익은 곧 손실을 뜻한다. X축에서 원점(O)을 기준으로 오른쪽은 양의 이익을 나타내는 반면, 티치오의 손실은 원점의 왼쪽에서 표시된다. Y축의 경우는 원점의 위와 아래가 각각 티치오와 관련된 개인이나 집단의 이득과 손실을 나타낸다.

내용을 좀 더 명료하게 보여주기 위해 우리는 그림 1을 이용하여 가설적 사례를 제시할 수 있다. 티치오는 카이오^{Caio}에게 영향을 미치는 어떤 행동을 한다. 만일 티치오가 자신의 행동에서 이익을 얻고 카이오는 손실을 본다면, 이 행동은 그래프에서 B사분면의 한 점으로 표시될 것이다.

이익과 손실은 X축과 Y축 상에 원하는 대로 달러나 프랑이나 리라로 표시될 수 있으나, 심리적·감정적 보상 및 만족과 심리적·감정적 스트레스 또한 포함되어야 한다. 이 심리적·감정적 요인들은 비물질적 자산(혹은 부채)으로 객

관적 지표로는 측정하기가 매우 어렵다. 비용 편익 분석 analisi di tipo costi-benefici을 통해 이 문제를 완전히는 아니어도 어쨌든 해결하는 데 도움을 줄 수 있지만, 괜히 디테일한 기법을 동원하여 독자들을 심란하게 만들고 싶지는 않다. 비용 편익 분석을 쓰지 않으면 측정 작업이 다소 부정확해지겠지만, 우리가 주장하는 바의 본질 자체가 훼손되지는 않을 것이다. 어쨌든 한 가지 점만큼은 분명히 해둘 필요가 있다. 티치오의 행동을 고려하고 이로부터 티치오 자신이 얻는 이익과 손실을 평가할 때, 티치오의 가치 체계도 고려해야 한다는 것이다. 그러나 카이오의 이익과 손실을 결정하기 위해서는 절대적으로 티치오의 가치 체계가 아닌 카이오의 가치 체계를 필수 고려 사항으로 넣어야 한다. 하지만 이런 '페어플레이' 정신은 너무도 자주 간과되곤 한다. 이런 문명화된 행동 수칙이 존중되지 않음으로써 많은 곤란이 초래된다. 다시 진부한 사례로 돌아가보자. 티치오가 카이오의 머리를 한 대 쥐어박았고, 이로부터 티치오는 만족감을 느꼈다. 티치오는 카이오가 머리를 한 대 맞으면서 행복감을 느꼈다고 주장할 수도 있을 것이다. 그러나 카이오는 그렇게 생각하지 않을 가능성이 아주 농후하다. 오히려 카이오는 머리를 한 대 맞은 것을 극도로 불쾌한 사건으로 생각할 수 있다. 설령 카이오가 머리를 한 대 맞은 것이 카이오에게 이익이 될 수도 있고 손실이 될 수도 있다고 해도, 그것이 이익인지 손실인지를 결정하는 자는 티치오가 아니라 카이오가 될 것이다.

제4장
제3(황금)기본법칙

제3기본법칙은 명시적이지는 않더라도 인간존재들이 다음 4가지 범주의 기본 유형으로 나뉜다는 점을 전제한다. 순진한 사람들sprovveduti, 현명한 사람들intelligenti, 영악한 사람들banditi, 어리석은 사람들stupidi이 바로 그것이다. 명민한 독자라면 이 4가지 범주의 사람들이 기본 도표상에 각각 H사분면, I사분면, B사분면, S사분면에 위치할 것임을 눈치챌 것이다(그림 1을 보라).

만일 티치오가 어떤 행동을 함으로써 스스로는 손실을 본 반면에 카이오에게는 이득을 안겨주었다면, 이때 티치오는 H사분면에 표시될 것이다. 즉 티치오는 순진한 사람처럼 행동한 것이다. 만일 티치오가 자신도 이익을 보면서 카이오에게도 이득을 주는 어떤 행동을 했다면, 이때 티치오는 I사분면에 표시될 것이다. 즉 티치오는 현명하게 행동한 것이다. 만일 티치오가 자신은 이익을 보면서 카이오에게는 손실을 끼치는 행동을 했다면, 이때 티치오는 B사분면에 표시될 것이다. 즉 티치오는 영악한 사람처럼 행동한 것이다. 한편, 어리석음은 S사분면 및 원점 아래의 Y축 선상에 위치한다. **제3기본법칙**은 다음과 같이 명료하게 표현된다.

어리석은 개인이란 그 자신은 어떤 이득도 보지 못하거나 심지어 손실을 입으면서 다른 개인이나 다른 집단에게 해를 끼치는 개인을 말한다.

이 **제3기본법칙** 앞에서 합리적인 사람들은 본능적으로 회의적이거나 불가지론적인 태도를 취한다. 진실은 합리적인 사람들이 비합리적인 사람들의 행동을 파악하고 이해하기는 어렵다는 데 있다. 그러나 이론을 버리고 매일의 삶 속에서 벌어지는 일을 관찰해보자. 우리 모두는 불행히도 우리에게 손실을 안기며 자기 혼자 이익을 가져간 개인과 관계를 맺어본 경험을 떠올릴 수 있다. 영악한 자에게 제대로 한 방 먹은 셈이다. 또한 우리는 어떤 개인이 자신에게는 손실이 되지만 우리에게는 이익을 안겨준 행동을 취한 경험을 떠올릴 수 있다. 순진한 자와 관계를 맺은 것이다.* 그런가 하면 우리는 쌍방 모두에게 이익을 안겨주는 행동을 취한 개인의 사례를 떠올릴 수 있다. 현명한 개인과 만난 셈이다. 그러나 잘 돌이켜 생각해보면 현명한 사람과 만나는 게 매일의 우리네 삶에서 자주 있는 일은 아니라는 점을 인정해야 한다. 오히려 뜻밖의 부적절한 순간에 어리석은 개인들이 나타나 터무니없이 행동하여 그 자신도 아무 이득을 보지 못하면서 우리에게 손해와 좌절과 곤란을 초래함으로써 돈과 시간과 정력을 허비하게 하고 식욕과 평정과 좋은 기분을 망치는 일들이 우리네 삶을 틈입해온다. 누구도 이 어리석은 개인들이 왜 그렇게 행동하는지를 알

---

* 여기서 "개인이… 행동을 **취한**"이라는 표현에 유의해야 한다. 순진한 사람으로 판정할 수 있으려면 행동을 개시한 사람이 바로 **그**였다는 사실이 중요하다. 만일 나의 이익과 그의 손실을 야기한 행동을 한 사람이 **나**였다면, 결론은 달라질 것이다. 이 경우에 나는 영악한 자가 될 것이다―지은이.

지도, 이해하지도, 설명하지도 못한다. 실은 설명할 도리가 없다. 혹은(좀 더 정확히는) 설명할 방도가 하나 있기는 하다. 문제의 인물은 어리석은 것이다.

제5장
빈도의 분포

대다수 개인들은 일관성 있게 행동하지 않는다. 어떤 환경에서는 지적으로 행동하다가도 다른 환경에서는 똑같은 사람인데도 순진한 태도를 취한다. 이 규칙에서 유일하게 중요한 예외는 어리석은 개인들의 경우이다. 이들은 통상 모든 행위 영역에서 최대한의 완벽한 일관성을 보여준다.

그렇다고 해서 어리석인 개인들의 위치만을 그래프상에 표시할 수 있다고 말하는 것은 아니다. 우리는 가중평균me-dia ponderata에 바탕을 두고 그림 1의 평면에 각 개인이 차지하는 위치를 측정할 수 있다. 현명한 개인도 때때로 영악한 행동을 하듯 때때로 순진한 태도를 취할 수 있다. 그러나 문제의 개인은 기본적으로는 현명하므로 그의 행동 대부분이 현명함intelligenza의 특질을 지닐 테고, 그의 가중평균도 그림 1의 그래프 I사분면에 할당될 것이다.

이처럼 (개인들의 행동이 아니라) 개인들만이 그래프상에 할당되어 표시될 수 있다는 사실에서 영악한 사람들과 어리석은 사람들이 나타나는 빈도에 약간의 편차digressione가 발생한다.

완벽하게 영악한 사람은 자신의 행동으로 자신이 얻는 이익과 정확히 같은 양의 손실을 타인에게 야기하는 사람이다. 그런 영악함을 보여주는 단적인 유형이 바로 절도이다. 어떤 개인이 다른 손실을 야기하는 일 없이 당신에게서 1만 리라를 빼앗았다면, 이는 완벽한 영악함을 보여주었다고 할 수 있다. 당신은 1만 리라를 잃고 그는 1만 리라를 얻은 셈이니 말이다. 완벽하게 영악한 사람들은 그래프상에서 B사분면을 45도 각도로 정확히 둘로 가르는 사선 위에 표시될 것이다(그림 2의 직선 OM).

그럼에도 완벽하게 영악한 사람들은 상대적으로 소수이다. 직선 OM은 B사분면을 B_i와 B_s라는 두 하위 구역으로 나누는데, 영악한 사람들의 절대 다수는 이 두 하위 구역의

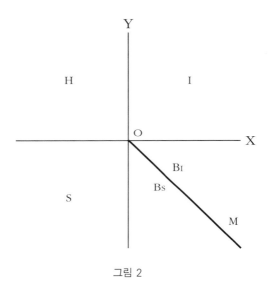

그림 2

어딘가에 할당된다.

B_I 구역을 차지하는 영악한 사람들은 타인에게 끼친 손실보다 더 많은 이익을 가져간 사람들이다. B_I 구역에 위치하는 영악한 사람들은 모두가 고도의 지능^{intelligenza}을 갖춘 부정직한 사람들로, 그래프상에서 표시되는 위치가 X축의 오른쪽에 가까울수록 이 영악한 사람들은 현명한 개인

이 갖는 특질들을 더 많이 갖게 된다. 그나마 B1구역에 위치하는 개인들은 그리 많지 않다. 영악한 사람들 대부분이 실제로는 Bs구역에 할당되는 것이다. 이 구역에 속하는 영악한 사람들은 타인들에게는 아주 큰 손실을 끼치면서 정작 자신들은 매우 적은 이득만을 가져가는 부류이다. 만일 누군가가 당신에게서 1만 리라를 훔쳐가기 위해 당신을 넘어뜨려 다리를 부러뜨렸거나, 혹은 당신에게서 카 오디오를 훔쳐 고작 3만 리라에 팔아치우기 위해 50만 리라 상당의 자동차를 망가뜨렸다면, 혹은 누군가가 몬테카를로에서 당신의 아내와 하룻밤을 보내기 위해 당신을 향해 권총 방아쇠를 당겨 당신을 죽였다면, 우리는 그 누군가가 '완벽하게' 영악한 자는 아니라고 확실하게 장담할 수 있다. 또한 그가 얻은 이익을 계산하는 데 그의 기준을 적용한다고 해도(그러나 우리가 잃은 손실을 계산하는 데도 마땅히 우리의 기준을 적용한다면), 그는 Bs구역에 떨어질 것이다. 그것도 순수한 어리석음에 가까운 쪽으로 말이다.

어리석은 개인들이 나타나는 빈도의 분포는 영악한 사람들과 현명한 사람들과 순진한 사람들이 나타나는 빈도의 분포와는 완전히 다르다. 영악하거나 현명하거나 순진한 사람들은 대부분 자신들에게 할당된 사분면에 분포되는 반면, 어리석은 사람들은 대체로 원점 아래 Y축을 따라 분포되어 있다. 그리된 까닭은 어리석은 개인들의 절대 다수가 근본적으로, 확고부동하게 어리석기 때문이다. 바꿔 말해, 그들은 좋으나 싫으나 자신도 이익을 얻지 못하면서 타인들에게 초지일관 손해와 손실을 끼치는 것이다. 그럼에도 정말이지 가당치 않은 행동으로 타인들뿐만 아니라 자신들에게도 손해를 끼치는 사람들이 있다. 이 사람들은 최악의 어리석은 사람들로, 우리의 계측 체계에 기초할 것 같으면 Y축 왼쪽의 S사분면의 어딘가에 나타날 것이다.

제6장

어리석음과 권력

모든 인간존재와 마찬가지로, 어리석은 사람들도 매우 다양한 정도로 타인들에게 영향을 미친다. 일부 어리석은 자들은 통상 제한된 손실만을 야기하는 반면, 다른 어리석은 자들은 한두 사람뿐만 아니라 전체 공동체나 사회에 정말로 끔찍한 손해를 끼친다. 한 어리석은 개인이 잠재적으로 얼마나 큰 손실을 끼칠지 여부는 두 가지의 주요한 요인에 달려 있다. 무엇보다 그것은 유전적 요인에 달려 있다. 일부 개인들은 상당량의 어리석음 유전자를 물려받고, 이 어리석음 유전자 때문에 태어날 때부터 어리석은 자들의 집단 안에서 '엘리트'에 속하게 된다. 어리석은 개인의 잠재력을 결정하는 두 번째 요인은 그가 사회에서 점유하는 권력과 권위의 지위에서 비롯된다. 관료들과 장군들, 정치인들, 국가 요인들 및 교회의 고위 성직자들 사이에서도 황금 비율인 σ만큼의 근본적으로 어리석은 개인들이 발견된다. 그들이 이웃에게 해를 끼칠 능력은 위험천만하게도 그들이 점유했던(혹은 점유하는) 권력의 지위로부터 증대했다(혹은 증대한다).

합리적인 개인들이 종종 던지는 질문은, 그렇듯 어리석은 개인들이 대관절 어떤 방식으로, 어떻게 권력과 권위의 지위에 오를 수 있느냐는 것이다.

(세속적인 것이든 종교적인 것이든) 계급과 카스트는 산업화 이전 사회의 대부분에서 어리석은 개인들이 권력 지위로 계속해서 유입될 수 있게 만든 사회적 제도였다. 근대 산업사회에서는 계급과 카스트가 더 이상 두드러진 역할을 수행하지 못한다. 그러나 계급과 카스트가 있던 자리에 정당들과 관료제와 민주주의가 들어선다. 민주주의 체제에서는 선거가 권력자들 사이에서 어리석인 개인들이 차지하는 비율 σ가 안정적으로 유지될 수 있게 만드는 효과적인 도구로 작용한다. 선거는 **제2기본법칙**에 입각하여 투표자들의 일

부인 σ가 자신들의 행동으로 어떤 이득도 얻지 못하면서 타인들 모두에게 손해를 끼치는 절호의 기회를 제공한다. 선거는 이런 목적을 실현한다. 권력을 쥔 개인들 사이에 어리석은 자들의 비율인 σ를 유지하면서 말이다.

제7장
어리석음의 힘

어떻게 정치권력이나 경제 권력 혹은 관료 권력이 어리석은 개인의 해로운 잠재력을 증대시키는지는 이해하기 어렵지 않다. 그러나 우리는 여전히 어리석은 개인을 본질적으로 위험천만한 요소로 만드는 것이 무엇인지를 설명하고 이해해야 한다. 다시 말해, 어리석음의 힘이 어디에 있는지를 질문해야 한다.

본질적으로 어리석은 자들은 위험하고 치명적이니, 왜냐하면 합리적인 개인들로서는 도저히 어리석은 자들의 행동을 상상하고 이해하는 것 자체가 어렵기 때문이다. 현명한 개인은 영악한 자의 논리를 충분히 이해할 수 있다. 영악한 자의 행동이 합리성 모델을 따르는 까닭이다. 물론 굳이 말하자면 영악한 자의 합리성은 왜곡된 합리성일 테지만, 그것도 어쨌든 합리성임에는 틀림없다. 영악한 자는 자기 계좌에 '$+\alpha$(più)'를 예치하기를 원한다. 그러나 타인들에게도 '$+\alpha$'를 안겨주면서 동시에 자기도 '$+\alpha$'를 얻을 수 있는 방법을 궁리해낼 정도로 현명하지는 않아서, 영악한 자는 그저 이웃에게는 '$-\alpha$(meno)'만을 야기하고 자신만의 '$+\alpha$'를 챙기는 것이다. 이 모든 것은 정당하지는 않지만 그래도 합리적이기는 하다. 그리고 만일 그것이 합리적이라면, 그것은 예측될 수 있다. 요컨대 영악한 자의 행동과 엉큼한 꼼수, 고약한 의도 등은 모두 예측하는 것이 충분히 가능하고, 종종 그에 맞서 적절히 방어 태세를 갖출 수도 있다.

그러나 문제가 어리석은 개인이라면, 이 모든 것은 절대로 불가능하다. 이미 **제3기본법칙**에서 암시되었듯, 어리석은 개인들은 합리성 없이, 정확한 계획 없이 뜻밖의 엉뚱한 시간과 장소에서 나타날 것이다. 어리석은 개인들이 공격해올지, 공격해온다면 언제, 어떻게, 왜 공격해올지 예측하는 합리적인 방법은 존재하지 않는다. 모든 것이 전적으로 어리석은 개인의 마음에 달려 있다.

어리석은 개인의 행동은 합리성의 규칙에서 볼 때 일관성이 없으므로, 이로부터 다음과 같은 사실이 파생된다.

a) 일반적으로 기습 공격이 이루어진다.

b) 미리 공격을 감지하더라도 합리적인 방어를 조직할 수 없다. 왜냐하면 공격 자체가 그 어떤 합리적 구조도 결여하고 있기 때문이다.

어리석은 개인들의 행동과 움직임이 절대적으로 변덕스럽고 비합리적이라는 사실 때문에 그에 대해 방어 태세를 갖추는 일은 어려울 뿐만 아니라 반격하는 것 자체도 극도로 힘들다. 이는 예측할 수 없고 상상을 초월해 움직이는 대상을 향해 사격하는 것과 마찬가지이다. 이는 일찍이 디킨스Charles Dickens와 실러Friedrich Schiller가 염두에 두고 있었던 것이기도 하다. 전자는 "사람은 어리석을 때와 소화가 잘될 때 겁 없이 많은 일에 덤벼드는 법이다"라고 말했고, 후자는 "어리석음 앞에서는 신들도 두 손 두 발을 다 들 수밖에 없다"고 말했다.

또 다른 측면에 대해서도 고려할 필요가 있다. 현명한 개인은 자신이 현명하다는 것을 알고 있다. 영악한 자도 자신이 영악하다는 것을 인식한다. 순진한 자 또한 자신의 순진함을 뼈저리게 느끼고 있다. 이들과 반대로, 어리석은 자만이 자신이 어리석다는 것을 알지 못한다. 이 때문에 어리석은 자의 파괴적 행동은 광대한 범위에 걸쳐 막강한 힘을 효과적으로 발휘할 수 있게 된다. 어리석은 자들은 영미권에서 '자의식self-consciousness'이라고 불리는 감정의 통제를 받지 않는다. 어리석은 자는 입에 미소를 띠고 자신이 세상에서 가장 자연스러운 일을 하고 있다는 듯 느닷없이 나타나서는 당신의 계획을 엉망으로 만들고 당신의 평화를 깨뜨리며 당신의 일과 삶을 꼬이게 만들고 당신의 돈과 시간, 좋은 기분, 식욕, 능률을 앗아가버린다. 그리고 이 모든 것은 악의 없이, 가책 없이, 합리성 없이 이루어진다. 한마디로 어리석은 것이다.

제8장
제4기본법칙

순진한 개인들, 즉 우리의 계측 체계에서 H사분면에 떨어지는 사람들이 통상 어리석은 개인들의 위험성을 인지하지 못한다고 해서 놀랄 필요는 없다. 이는 그들이 원래 갖고 있는 순진함을 더 부각할 따름이다. 진정으로 놀라운 것은 현명한 개인들과 영악한 개인들도 종종 어리석음의 파괴적이고 약탈적인 힘을 제대로 인지하지 못한다는 사실이다. 왜 그런지를 설명하기는 극히 어렵다. 이에 대해서는 단지 가설을 세울 수 있을 뿐인데, 종종 현명한 사람들은 영악한 사람들처럼 어리석은 개인들과 마주칠 때 즉각 아드레날린을 마구 분비하면서 방어 태세를 갖추기보다는 그저 자기

만족과 상대에 대한 경멸감에 빠져 오히려 무장해제된다는 것이다.

일반적으로 어리석은 개인은 오직 자기 자신에게만 해로운 행동을 한다고 믿기 십상이나, 이는 어리석음을 순진함과 혼동하는 것이다. 자신의 목적을 위해 어리석은 개인을 이용해먹을 심산으로 그와 관계를 맺으려고 할 때도 종종 있다. 그런 꼼수는 단지 파국적 결과만을 몰고 올 텐데, 그 이유는 그런 꼼수가 a) 어리석음의 본질적 성격에 대한 완벽한 무지에 기초하고 있기 때문이고, b) 어리석은 개인에게 자신의 재능을 뽐낼 불필요한 여지를 줄 수 있기 때문이다. 우리는 어리석은 개인을 마음대로 이용해먹을 수 있다는 착각에 빠질 수 있고, 또 어느 정도는 성공을 거둘 수도 있다. 그러나 어리석은 자의 변덕스러운 행동 탓에 그의 일거수일투족을 예측할 수 없고, 조만간 그의 좌충우돌로 사태는 엉망진창 콩가루가 되고 말 것이다.

이 모든 것은 다음의 **제4기본법칙**으로 명료하게 수렴된다.

어리석지 않은 개인들은 어리석은 개인들이 보유한, 해를 끼칠 수 있는 잠재력을 항상 과소평가한다. 특히 어리석지 않은 사람들은 그 어떤 순간과 장소, 그 어떤 환경에서도 어리석은 개인과 거래하거나(거래하고) 관계를 맺는 것이 틀림없이 아주 비싼 대가를 치를 수밖에 없다는 사실을 언제나 망각한다.

수 세기가 흘러가는 동안 공적·사적 삶의 영역에서 이루 헤아릴 수 없이 많은 개인들이 이 **제4기본법칙**을 고려하지 않았고, 그래서 인류에게 이루 헤아릴 수 없이 많은 손실이 초래되었다.

제9장
거시 분석과 제5기본법칙

바로 앞 장에서 제시한 고찰들은 일종의 '거시적' 분석으로 이어지는데, 이 분석에서는 개인의 복지보다는 사회의 복지, 즉 이 맥락에서는 개인의 복지 조건들의 대수학적 총합으로 규정되는 사회의 복지를 고찰할 것이다. 이 분석을 위해서는 **제5기본법칙**을 완전히 이해하는 게 중요하다. 나아가 5가지 기본법칙들 중에서 필시 **제5법칙**이야말로 가장 잘 알려져 있고, 이로부터 나온 추론이 가장 빈번하게 인용되고 있다는 점을 덧붙일 필요가 있다. 이 법칙은 다음과 같다.

어리석은 개인은 지상에서 가장 위험한 유형의 개인이다.

이 법칙으로부터 다음과 같은 추론이 나온다.

어리석은 자는 영악한 자보다 더 위험하다.

이 법칙의 공식과 그 추론은 여전히 '미시적' 유형에 속한다. 그럼에도 위에서 언급되었듯이, 이 법칙과 그 추론은 심오한 '거시적' 성격의 함의들을 갖는다. 본질적으로 고려해야 할 점은 바로 이것이다. 완벽하게 영악한 자(그림 2에서 직선 OM의 선상에 위치하는 자)의 행동이 가져오는 결과는 부와 복지를 덧붙이지도, 덜어내지도 않은 채 순수하고 단순하게 부와 복지의 이동만을 대표한다. 완벽하게 영악한 자는 어떤 행동 후에 자기 계좌에 '$+\alpha$'를 예치할 것이다. 즉 그가 타인에게 끼친 손실 '$-\alpha$'와 정확히 일치하는 이득 '$+\alpha$'를 예치할 것이다. 사회 전체로 보자면, 상황은 더 좋지도, 더 나쁘지도 않은 셈이다. 만일 한 사회의 모든 구성원들이 완벽하게 영악한 자들이라면, 그 사회는 정체 상태에 놓일 것이다. 그러나 심각한 파국은 없을 것이다. 그저 부와 복지가 그런 행동을 한 완벽하게 영악한 자들 쪽으로 대거 이동하는 것으로 상황이 종료될 것이다. 만일 한 사회의 모든 구성원들이 차례대로 그런 행동을 한다면, 아마도 사회 전체는 물론이거니와 각 개인도 완벽한 안정 상태에 놓일 것이다.

그러나 어리석은 사람들이 슬슬 움직이기 시작하면, 상황은 완전히 바뀐다. 어리석은 개인들은 자기 자신들의 이득도 실현하지 못하면서 타인들에게 손실을 야기한다. 이로써 사회 전체가 빈궁해지는 결과가 초래된다.

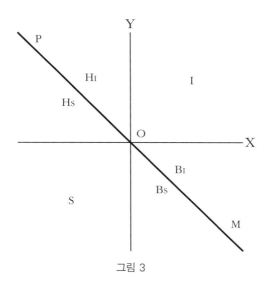

그림 3

기본 그래프로 표현된 우리의 계측 체계는 직선 POM(그림 3을 보라)의 오른쪽에 위치한 개인들의 모든 행동이 정도의 차이는 있어도 한 사회의 복지를 전체적으로 증진해주는 반면에 직선 POM의 왼쪽에 위치한 개인들의 행동은 사회를 전체적으로 빈궁하게 만든다는 점을 보여준다.

바꿔 말해, 순진한 사람들이 자기 범주에 속한 사람들의 평균을 웃도는 지능을 갖춘다면(H_I구역에 위치한 순진한 자들), 이들은 지능을 갖춘 영악한 사람들(B_I구역에 위치한 영악한 자들)은 물론이요, 무엇보다 현명한 사람들(I구역에 위치한 현명한 자들)과 마찬가지로 정도의 차이는 있겠으나 전체적으로 사회의 복지를 증진하는 데 기여할 것이다. 다른 한편, 어리석은 요소가 강한 영악한 사람들(B_S구역에 위치한 영악한 자들)과 역시 어리석은 요소가 강한 순진한 사람들(H_S구역에 위치한 순진한 자들)은 이미 어리석은 자들에 의해 야기된 손실들에 또 다른 손실들을 덧붙일 따름이다. 그런 식으로 어리석은 자들의 해롭기 짝이 없는 파괴적 힘이 강화된다.

이 모든 것은 사회가 어떻게 움직여나가는지에 대해 몇 가지 의미 있는 고찰을 함축하고 있다. **제2기본법칙에 따르**

면, 어리석은 자들의 무리는 일정 비율(σ)을 차지하고 있다. 이는 시간과 공간, 인종, 계급 혹은 그 어떤 역사적이거나 사회·문화적인 변수의 영향도 받지 않는다. 어리석은 자들의 수가 번영하는 사회보다 쇠퇴하는 사회에서 더 많을 거라고 믿는 것은 심각한 오류일 것이다. 번영하는 사회나 쇠퇴하는 사회 모두 어리석은 자들의 비율은 똑같다. 두 사회에 차이가 있다면, 그것은 쇠퇴하는 사회에는 이런 사실이 존재한다는 점이다.

a) 활동적인 사회 구성원들이 점점 어리석은 사회 구성원들에게 밀려나게 된다.

b) 그래프의 Hs구역과 Bs구역에 위치한 주민들의 수가 상대적으로 많아지는 방식으로, 어리석지 않은 사람들의 주민 구성에 변화가 생긴다.

이런 이론적 가설은 심층적인 역사적 사례 분석을 통해서도 충분히 확증된다. 기실, 역사적 분석을 통해 좀 더 구체적이고 좀 더 디테일이 살아 있는 생생한 방식으로 이론적 결론들을 재공식화할 수 있다.

고대와 중세, 근대 혹은 현대 등 어떤 시대를 고찰해도 우리는 번영하는 나라들도 어김없이 어리석은 자들을 일정 비율 σ만큼 보유하고 있다는 사실에 충격을 받는다. 그럼에도 번영하는 나라는 특별히 높은 비율의 현명한 사람들을 보유하는데, 이들이 σ만큼의 어리석은 무리를 통제하는 동시에 진보를 보증할 만큼의 충분한 이익을 자신과 타인들에게 창출해낸다.

쇠퇴하는 나라에서도 전체 인구에서 어리석은 개인들이 차지하는 비율(σ)은 동일하다. 그러나 나머지 주민들 속에서, 특히 권력을 쥔 자들 속에서 어리석은 요소가 강한 영악한 자들(그림 3에서 B사분면의 Bs구역에 위치한 자들)이 위험한 수준으로 증가하는 현상이 관찰된다. 권력을 갖지 못한 자들 사이에서는 순진한 자들(그림 1의 기본 그래프에서 H사분면에 위치한 자들)의 수가 똑같이 위험한 수준으로 증가한다. 이처럼 어리석지 않은 사람들의 주민 구성에서 일어나는 변화로 인해 σ만큼의 어리석은 무리가 지닌 파괴적 힘이 불가항력적으로 강화되고, 나라는 파멸로 치닫는다.

부록

다음 페이지들에서 독자들은 몇 개의 그래프를 보게 될 텐데, 이 그래프들을 현재 여러분이 관계하고 있는 개인들이나 집단들의 행동을 평가해보는 데 이용할 수 있다. 그럼으로써 문제의 개인들과 집단들에 대한 정확한 평가를 공식화할 수 있고, 따라서 그들과 대면할 때 합리적인 행동 노선을 채택할 수 있을 것이다.

이름

X =

Y = (독자)

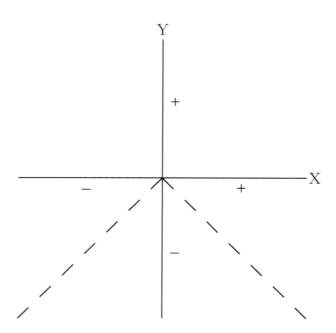

이름

X= ....

Y= (독자)

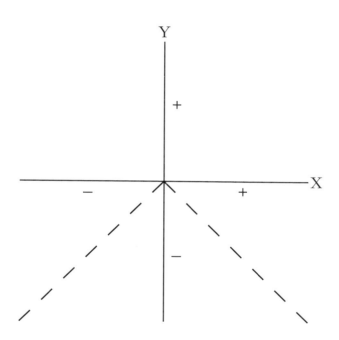

이름

X = ...

Y = (독자)

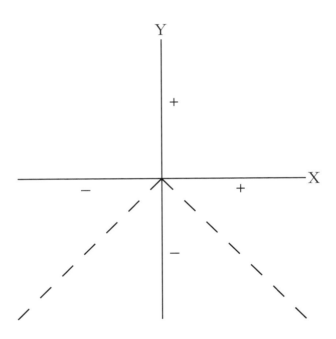

이름

X = ...

Y = (독자)

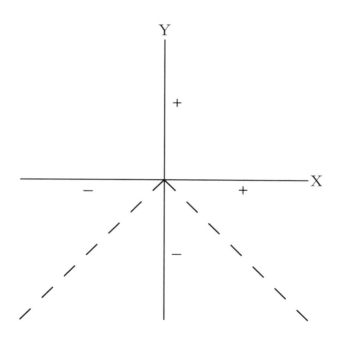

옮기고 나서
농담 같지만 농담은 아닌

이 책은 이탈리아 출신의 저명한 경제사가인 카를로 M. 치폴라Carlo M. Cipolla의 *Allegro Ma Non Troppo*(Bologna: Mulino, 2014)를 번역한 것이다.* 이 책은 일종의 소품집이라고 할 만한 것으로서, 「중세 경제 발전에서 향료(특히 후추)의 역할」과 「인간의 어리석음에 대한 기본법칙」이라는 두

---

* 1988년에 초판본이 나오고 2014년 11월에 재판된 물리노 판본의 이탈리아어 원서를 새로 완역했다. 치폴라의 이 유명한 글은 이미 국내에 번역 소개된 바 있다. 카를로 M. 치폴라, 『인간의 어리석음에 관한 다섯가지 근본법칙』, 이재형 옮김(한마당, 1994); 카를로 M. 치폴라, 『즐겁게 그러나 지나치지 않게』, 김정하 옮김(북코리아[선학사], 2007) 참조.

개의 짧은 글로 이루어져 있다. 치폴라 자신의 설명에 따르면, 이 두 글은 각기 1973년과 1976년에 쓰였는데, 정식으로 출판된 것이 아니라 친구들에게 읽히려고 한정판으로 찍은 것이다. 그것도 치폴라의 모국어가 아닌 영어로 말이다. 그러다가 입소문을 타고 책이 유명해지면서 결국 이탈리아의 관록 있는 출판사인 물리노에서 공식 출판되었다. 책 제목도 특이하다. '알레그로 마 논 트로포'는 음악 용어로, '빠르지만 너무 지나치지는 않게'라는 뜻이다. 혹은 '즐겁지만 너무 지나치지는 않게'라는 뜻도 된다. 경쾌하고 재기발랄하면서도 절제와 중용을 잃지 않는 치폴라 특유의 가치관을 잘 나타내는 듯하다(여기서 경쾌하다는 것은 경박하다는 것으로, 나아가 경솔하다는 의미로도 해석될 수 있다. 그렇다면 책 제목은 '경솔하지만 너무 지나치지는 않게'가 된다. 이를 '농담 같지만 농담은 아닌'으로 의역할 수도 있겠다).

먼저 「중세 경제 발전에서 향료(특히 후추)의 역할」은 후추라는 아이템으로 중세 경제사, 아니 중세 세계사 전반을 꿰뚫고 있는 경이로운 글이다. 나는 이미 치폴라의 다른 책인 『스페인 은의 세계사』(미지북스, 2015)를 번역한 바 있는데, 거기서도 은화라는 아이템으로 근대사를 자유자재로

요리하는 모습을 볼 수 있었다. 이제 치폴라의 두 책을 번역함으로써 후추와 은화를 '아리아드네의 실'로 삼아 중세사와 근대사라는 미궁을 헤쳐나가게 되었다. 짐짓 농을 던져보자면, 이제 독자들은 이 두 권의 책으로 '마에스트로 치폴라'의 안내를 받으며 중세사와 근대사를 하나로 관통하여 섭렵할 수 있게 된 셈이다. 이처럼 후추나 은화라는 무생물 주인공을 내세워 한 시대 전반을 개관하는 치폴라의 능란한 솜씨는 경탄을 자아낸다.

후추의 세계사를 다룬 글에서 치폴라는 먼저 후추를 얻으려는 경제적 욕구와 천상의 구원을 바라는 종교적 욕구가 어우러져 발발한 십자군이 어떻게 중세 경제의 호황을 불러왔는지를 고찰한다. 십자군을 통해 활성화된 후추 무역으로 부를 축적한 이탈리아 상인들은 교회에 막대한 기부를 하고, 교회는 건축 사업을 벌여 돈을 풀며, 이에 일자리가 생겨 보통 사람들의 구매력이 높아짐으로써 빵과 옷 등의 다양한 재화 생산이 자극되는 등 일련의 '승수효과'를 통해 중세 경제 전반이 발전하는 역사적 흐름이 물 흐르듯 설명된다. 그런가 하면 치폴라는 십자군 전쟁으로 정조대가 유행하자 야금업이 호황을 맞이했다며 농담 아닌 농담을 던지기도 한다.

중세에 큰돈을 만든 것이 이탈리아의 후추 무역만은 아니었다. 영국의 양모 무역도 부의 원천이었다. 양모로 부유해진 영국의 성직자들은 영국식 우울증을 퇴치하기 위해 후추를 소비했는데, 이로써 양모 무역이 다시 후추 무역을 자극한다. 그런데 후추는 최음제였기에 성직자들에게 어울리는 식품은 아니었다. 그런 이유로 후추보다는 포도주가 선호되었다. 왕과 귀족들에게도 포도주는 신의 음료였다. 그리하여 프랑스산 포도주를 둘러싸고 영국과 프랑스 사이에 백년전쟁이 발발하게 되니, 이로 인해 두 나라는 황폐해진다. 여기에 쥐벼룩이 옮긴 페스트까지 가세함으로써 유럽 경제는 파국을 맞이한다. 설상가상으로 영국의 에드워드 3세가 모라토리엄을 선언하자 피렌체 상인들도 파산을 면치 못하고 그들의 관심은 경제에서 문화로 옮겨간다. 르네상스가 시작된 것이다. 그와 더불어 중세가 문을 닫고 근대가 문을 연다.

이처럼 이 글에는 후추를 비롯해 정조대와 양모, 포도주, 쥐, 벼룩 등 다양한 주인공이 등장하는데, 이것들이 "중세 자본주의"를 탄생시켰다는 게 치폴라가 주장하는 요점이다. 이런 주장은 자본주의의 근대성에 익숙한 우리에게는 다소 낯설어 보인다. 그러나 이 대목이야말로 이 글의 백미로, 치폴라는 자본주의가 북유럽(영국과 독일, 네덜란드)의 프로테스탄트에 의해 탄생했다는 베버Max Weber의 고전적 설명에 강력하게 이의를 제기한다. 이미 이탈리아(베네치아와 제노바)의 상인들이 "프로테스탄트 이전의 프로테스탄트"로서 원原자본주의의 진정한 주역이었다는 것이다. 이처럼 치폴라는 자본주의 탄생에 대한 서사에서 우세한 북유럽 중심주의를 경쾌하게 비판하며 자본주의의 기원을 중세로 끌어올린다. 가히 근대론자modernist를 경악하게 만드는 중세론자medievalist의 유쾌한 반란으로 읽힐 만하다.

치폴라의 설명에는 사실과 유머가 섞여 있어 그의 말을 곧이곧대로 믿으면 바보가 되기 십상이다. 그러나 그의 설명을 그저 한번 웃고 마는 사소한 역사, 아니 야사로 치부해도 좋은가? 유머는 신문의 만평 코너에서 흔히 접하는 캐리커처와 비슷해서 어떤 특징은 과장되게 부각하고 다른 특징은 깨끗이 포기한다. 그 결과, 왜곡되고 변형된 형상이 나타난다. 이 기묘하고도 우스꽝스러운 캐리커처는 실물 그 자체와는 다르지만, 동시에 실물의 한 단면을 정확하게 포착하고 있다는 점에서 진실한 형상이기도 하다. 후추의 세계사에 대한 치폴라의 유머러스한 역사적 설명도 그런 캐리커처로 이해하면 좋을 것이다. 역사적 캐리커처인 셈이다.

다음 글로 넘어가자. 인간의 어리석음을 논하는 두 번째 글에서 치폴라는 '사물'에서 '인간'으로 관심을 옮겨간다. 이제 후추와 양모와 포도주가 문제가 아니라 인간이 문제인 것이다. 그런데 돌이켜보면 첫 번째 글에서도 주인공은 인간이었다. 후추와 양모와 포도주는 사실 조연이고, 주연은 은자 피에르와 바이킹족, 정복왕 윌리엄, 알리에노르, 루이 7세, 드 클레르보, 에드워드 3세, 피렌체 상인들, 피렌체 조폐소 노동자들이었던 것이다. 그리고 두 번째 글에서 치폴라는 그런 개인들의 "대수학적 총합"인 인간에 대해 '과학적으로' 고찰한다.

치폴라는 일단 인간 유형을 넷으로 구분한다. 현명한 사람들intelligent people과 순진한 사람들naive/helpless people, 영악한 사람들bandits, 어리석은 사람들stupid people이 그것이다. 현명한 자는 자신의 행동으로 자신과 타인에게 공히 득을 안겨주는 유형이다. 순진한 자는 타인에게는 득을 주면서도 정작 자신은 해를 입는 유형이다. 영악한 자는 점잖은 표현으로, 실은 도적놈을 가리키는데 자신은 득을 챙기면서 타인에게는 해를 끼치는 유형이다. 끝으로, 어리석은 자는 자신의 행동으로 자신과 타인 모두에게 해를 끼치는 구제 불능의 유형이다. 이 4가지 유형 중 치폴라의 진정한 관심은 어리석은 자에게 쏠려 있다. 말하자면, 인간의 어리석음human stupidity이야말로 치폴라의 핵심적인 성찰 주제인 것이다. 그는 어리석음을 다음과 같이 5가지 기본법칙으로 분석한다.

- 제1기본법칙: 항상 그리고 불가피하게 우리는 하나같이 주위에 있는 어리석은 개인들의 수를 과소평가한다.
- 제2기본법칙(철의 법칙): 어떤 개인이 어리석을 확률은 그 개인이 지닌 다른 어떤 특질들과도 무관하다.
- 제3기본법칙(황금 법칙): 어리석은 개인이란 그 자신은 어떤 이득도 보지 못하거나 심지어 손실을 입으면서 다른 개인이나 다른 집단에게 해를 끼치는 개인을 말한다.
- 제4기본법칙: 어리석지 않은 개인들은 어리석은 개인들이 보유한, 해를 끼칠 수 있는 잠재력을 항상 과소평가한다. 특

히 어리석지 않은 사람들은 그 어떤 순간과 장소, 그 어떤 환경에서도 어리석은 개인과 거래하거나(거래하고) 관계를 맺는 것이 틀림없이 아주 비싼 대가를 치를 수밖에 없다는 사실을 언제나 망각한다.

• 제5기본법칙: 어리석은 개인은 지상에서 가장 위험한 유형의 개인이다.

※ 제5기본법칙에서 추론된 공리: 어리석은 자는 영악한 자보다 더 위험하다.

어리석음에 대한 치폴라의 논의는 한편으로 후련하면서도 다른 한편으로 불편하기도 하다. 어떤 점이 후련한가? 우리는 살아가면서 곳곳에서 출몰하는 어리석은 자들과 마주친다. 어떤 때는 그들의 행동을 애교로 봐주고 넘어갈 수도 있지만, 다른 때는 정말로 심각한 폐해에 몸서리를 치기도 한다. 그들은 우리가 요청하지도 않았는데 적절치 않은 시간과 장소에 불쑥 나타나 우리의 일과 삶을 망치고 유유히 자리를 뜬다. 심하게는 남의 생활을 난장판으로 만들고 남의 노력을 난도질한 뒤 홀연히 사라지는 것이다. 그것도 입가에 미소를 머금고서 그런 짓을 한다. 그들은 자기들이 어리석다고는 추호도 생각하지 않으며, 오히려 현자의 아우라를 내뿜는다. 통탄할 일이다. 한바탕 욕지거리를 퍼붓고 머리를 쥐어박고 싶지만 그럴 수는 없는 법, 그저 참는 것이 미덕이리라. 그들은 그렇게 나타났다 사라지기를 반복하면서 우리의 돈과 시간과 정력과 식욕과 평온과 좋은 기분을 앗아가버린다. 심지어는 우리의 명예와 생명까지 위협하기도 한다. 어리석은 자들에 대한 치폴라의 단죄는 그들로 인해 고통받아본 경험이 있는 모든 사람들의 속을 시원하게 풀어주는 청량음료와 같다. 참으로 후련한 논설이 아닐 수 없다.

그러나 치폴라의 논설은 후련한 반면에 불편하기도 하다. 무엇보다 불편한 점은 어리석은 자가 항상 전체 인구에서 일정한 비율(σ)을 유지하며, 어리석은 자와 그렇지 않은 자의 차이는 명백히 유전적 요인 때문이라고 주장하는 대목이다. "어리석음 유전자"가 존재한다는 것이다. 잘 생각해보면, 꼭 틀린 말은 아니다. 선천적 차이가 있음을 완전히 부정할 수는 없을 것이다. 그럼에도 불편함은 남는데, 그런 식의 논의는 마치 저자와 독자는 어리석음의 원죄에서 자유롭다는 것을 은연중에 전제하기 때문이다. 마치 남의 이

야기를 하듯이 어리석은 자들에 대해 논하는 것이다. 그러나 다시 잘 생각해보면, 어리석은 자들에 대한 논의는 남의 이야기가 아니라 우리 모두의 이야기일 수 있다. 나는 어리석음이라는 것이 정도의 차이는 있어도 인간의 **일부**가 아닌 **전부**에 해당하는 요소라고 본다. 기실, 저자도 독자도—물론 역자도—모두 어리석음으로부터 완전히 자유롭지는 않은 것이다. 그러므로 치폴라는 먼저 인류 전체의 어리석음을 논해야 옳았다. 인류의 일부인 어리석은 자들에 대한 논의는 두 번째로 다루어도 늦지 않았을 것이다. 물론 순서는 바뀌어도 상관없다. 먼저 일부에 대해 논한 다음 전부를 논해도 좋다. 그러나 치폴라의 논지에서 인류 전체의 어리석음이라는 발상이 들어갈 여지는 없다. 그러므로 불편하다.

물론 주도면밀한 치폴라는 빠져나갈 구멍을 마련해두었다. 그는 예상되는 비판을 염두에 두면서 자신에게는 계급차별이나 인종차별을 하려는 반동적인 의도가 전혀 없다고 일찌감치 방어막을 친다. 또한 머리글에서는 선수를 치면서 독자들도 자신의 글을 읽고 저자가 말하고 있는 어리석은 자가 혹시 저자 자신이 아니냐고 반문할지도 모른다고 짐짓 우려한다. 그러나 이런 여러 안전장치들에도 불구하고 그의 논지가 현명한 자의 입장에서 어리석은 자를 단죄하고, 이로부터 어리석음에 대한 일반론을 도출하는, 일종의 '엘리트주의적' 입장을 견지하고 있음은 변치 않는 사실이다. 또한 그런 맥락에서 어리석음을 공감과 치유의 대상이 아니라 박멸과 회피의 대상으로 파악하고 있다. 치폴라에 따르면, 어리석은 자와는 상대하지 않는 것이 최선의 계책인 것이다. 이처럼 치폴라는 인간의 어리석음을 '법칙화'하면서 동시에 '게토화'시킨다.

그럼에도 인간의 어리석음에 대한 치폴라의 논의는 멋지다. 대관절 누가 이런 주제를 선택하여 이런 방식으로 근사하게 논할 수 있다는 말인가? 과연 이 책은 오늘을 살아가는 우리에게 절실히 필요한 '인간학' 텍스트라고 할 만하다. 치폴라는 역사학과 철학과 사회학과 경제학이 융복합된 미답의 영역을 개척했다. 또한 그가 논의를 풀어가는 방식은 그 옛날 에드워드 3세가 애당초 백년전쟁을 개시하면서 기획했으나 실패한 전격전guerra lampo, Blitzkrieg을 방불케 한다. 그의 논의가 특히 멋스런 이유는 '제5원소'인 유머까지 가미되어 있기 때문이다. 유머야말로 지성의 최고봉이 아니던가. 치폴라의 문장들 곳곳에서 그런 지성의 번득임을 쉬이 알아볼 수 있다. 그리고 그처럼 번득이는 문장들은 인간의 어리석음에 대한 법칙에 관한 글에서뿐만 아니라 후추의 세계사에서도 충분히 만끽할 수 있다. 이 책에 실린 두 소품 자체가 학술과 유머를 이상적으로 배합한 흔치 않은 '인간학' 텍스트가 아닐까 한다.

오늘날 세상이 점점 웃음을 잃어가고 있다. 사람들은 얼음장 같은 표정을 짓고 송곳 같은 말들을 내뱉는다. 우리는 폭력 하면 으레 국가나 자본에 의한 구조적 폭력이나 비정상적 개인이나 집단에 의한 물리적 폭력만을 떠올리지만, 이제 우리 사회에서는 비구조적이고 비물리적인 폭력, 그러니까 일상적이고 언어적인 폭력이 문제가 되고 있다. 오프라인과 온라인을 가릴 것 없이 온갖 인격 살인과 혐오 현상으로 표출되는 폭력성이 넘쳐난다. 그런 가운데 누구나 할 것 없이 서로 상처를 입고 상처를 입힌다. 우리네 몸과 마음은 온통 찔리고 멍든 곳투성이가 된다. 우리 모두가 일상에 만연한 폭력이라는 병을 앓으며 웃음을 잃어가고 있는 셈이다. 철학자 한병철이라면 무한 경쟁과 성과주의가 지배하는 "피로사회", 나아가 불신과 지나친 투명성의 요구가 교차하며 서로가 서로를 감시하는 "투명사회"를 웃음이 실종된 원인으로 지목할 것이다.* 참으로 예리한 사회 비판이요, 문명 비평이 아닐 수 없다. 그러므로 사회를 바꾸어야 한다. 그렇게 해서 인간을 보호해야 한다. 이 명제에 대해서는 누구도 이의를 제기할 수 없으리라.

그러나 역사는 사회를 바꾸어도 인간은 잘 바뀌지 않는다는 사실을 보여준다. 그동안 사회사상가들은 인간이 환경의 산물이며, 환경을 개선함으로써 인간의 자유와 복지를 증진할 수 있다고 믿었다. 그리하여 오언Robert Owen은 노동환경을 개선하기 위해 협동촌을 세웠고, 마르크스Karl Marx는 자본주의적 생산양식을 변혁함으로써 인간이 모든 억압으로부터 해방될 수 있다고 주장했다. 그런데 잘 알려져 있지는 않지만 그런 생각과는 다른, 아니 정반대의 이념을 제시한 사람들도 있었다. 1848년 유럽 혁명 전야에 마르크스와 논쟁했던 마치니Giuseppe Mazzini 같은 사상가가 그런 경우였다. 첨언하면, 마르크스의 저 유명한 『공산주의 선

---

* 한병철, 『피로사회』, 김태환 옮김(문학과지성사, 2012); 한병철, 『투명사회』, 김태환 옮김(문학과지성사, 2014).

언』도 마치니와의 논쟁이라는 맥락에서 나온 결과물이었다고 한다. 이탈리아의 대표적인 민족주의자이자 민주주의자인 마치니는 "자유로운 개인들의 자유로운 연합"—협동조합으로 대표되는—을 주창했다. 그러면서 오직 양심의 소리에 귀 기울이며 진리를 추구하며 불의에 용감하게 저항하는 자유로운 개인들만이 통일된 신생 이탈리아의 미래를 책임질 수 있다고 역설했다. 즉 자유로운 인간 없이 자유로운 사회(국가)는 없다는 말이다. 이런 발상은 주류 사회사상의 명제인 자유로운 사회 없이 자유로운 인간은 없다는 발상과 완벽한 대조를 이룬다. 그러한 마치니 풍의 비주류 사회사상에서 문제는 인간을 바꾸는 일이다. 그래서 사회를 보호해야 한다.*

이런 사회사상의 타당성은 역사에 의해 뒷받침된다. 사회를 바꾸어도 자유와 복지는 도래하지 않았다. 현실 사회주의에서는 이른바 '사회주의적 인간형'을 내세우며 인간개조를 추구했지만, 이는 단지 당국의 목표에 따라 민중을 강제하고 그들의 불만을 억압하는 것에 불과했다. 이것이

---

* 장문석, 「주세페 마치니와 애국심」, 『서양사론』 135(2017) 참조.

역사의 교훈이라면, 이제 기억해야 할 것은 자유로운 인간을 만드는 민주주의적 시민교육이라는 마치니의 지혜이다. 확실히, 민주주의적 시민교육의 이념은 일찍이 고대 그리스인들에 의해서도 제기되었는데, 교양 교육을 뜻하는 '파이데이아paideia'가 바로 그것이다. 전문가가 되려면 장인이나 선생에게서 배우면 되지만, 좋은 인간이 되려면 모든 사람에게서 배워야 한다는 민주주의적 시민교육의 이념으로서 '파이데이아'는 자유로운 인간 형성을 위한 준거점을 제공한다.

그러니 웃음을 빼앗긴 폭력적인 세상을 다시 웃음이 넘치는 평화로운 세상으로 다듬어내려면 사회 개혁의 프로젝트 외에도 인간 형성의 프로젝트가 필요할 법하다. 사회를 바꾸는 일도 쉽지는 않거니와 사회를 바꾸어도 자동으로 인간이 바뀌지는 않으니, 양자는 동행해야 한다는 말이다. 이 대목에서 독일 사회학자 엘리아스Norbert Elias의 '문명화 과정'이 떠오른다. 언제부터인가 폭력성에 맞서는 새로운 '문명화' 프로젝트가 필요하다는 생각이 뇌리를 떠나지 않는다. 흥미롭게도, (포스트)마르크스주의 이론가 발리바르Etienne Balibar도 혁명운동을 내부로부터 '문명화'할 필요성을 주장한 적이 있다. 그는 역사적으로 혁명운동이 직면한 반혁명적 폭력 외에 혁명운동 자체가 유발한 폭력이 혁명을 왜곡하고 도착시켰다고 믿었기에 '시민다움^{civilité}'의 회복을 위한 반폭력의 '문명화'를 쟁점화한 것이다.* 나는 좌파 혁명운동의 '문명화'뿐만 아니라 좌우를 아우르는 사회 전체의 '문명화' 프로젝트가 필요하다는 좀 더 대담한 생각을 가다듬고 있다. 물론 이 프로젝트에서 치폴라식 유머도 중요한 역할을 하게 되리라.

'문명화'라는 역사적·사회적 과정은 언제나 그렇듯이 고유한 담론화 과정을 수반할 것이다. 즉 '문명화'를 정당화하는 새로운 담론이 형성될 거라는 말이다. 치폴라가 이 책에서 시도한 '인간학'이야말로 그런 담론의 예시로 보인다. 치폴라가 잘 예시했듯이, '인간학'은 한편으로는 인문학적이면서 다른 한편으로는 사회과학적일 것이다(또한 왜 자연과학적이고 공학적이지는 않을쏜가?). 나는 이런 학문의 칵테일을 좀 더 엄밀하게 '인간과학'이라고 부르고 싶지만, 이런

---

* 진태원, 「해제: 에티엔 발리바르는 마르크스주의자인가? ― 하나의 과잉결정에서 다른 과잉결정으로」, 에티엔 발리바르, 『마르크스의 철학』, 배세진 옮김(오월의봄, 2018), p. 9.

과감한 명칭을 유포하려면 미리 해둘 일이 많다. 인문학의 지평을 확대해야만 할 뿐만 아니라 무엇보다 (자연과학 중심의) '과학'의 개념을 변형해야만 하는 것이다. 그래야만 인문학과 과학이 접목될 공간이 열린다. 이 또한 난해한 지적 프로젝트임에는 틀림없지만, 다행히도 치폴라 자신은 물론이고 치폴라와 같은 나라 출신의 현자인 카를로 긴츠부르그Carlo Ginzburg도 그와 비슷한 맥락에서 전통적인 계량화된 '과학적' 패러다임을 비판하고 질적 인식에 기초한 새로운 '인간과학적' 패러다임을 탐색한 바 있으므로 이들의 도움을 기대할 수 있다.

불행히도 이 자리에서 긴츠부르그에 대해 재론할 수는 없다.* 다만 치폴라에 대해 다시 언급하자면, 그의 텍스트에서 문장들은 간명한 수식들과 도표들을 통해 '과학적으로' 정리되고, 다시 수식들과 도표들은 유려한 문장들을 통해 '수사학적으로' 풀어진다. 이런 식으로 과학과 인문학이 접목된다. 그리고 이런 접목에서 유머가 생산된다. 후추의

---

* 곽차섭 편역, 『다시, 미시사란 무엇인가』, 확대 개정판(푸른역사, 2017), 특히 제4장 참조. 또한 장문석, 「치즈에서 구더기가 생기듯이: 16세기 이단자와 20세기 역사가」, 『서양사론』 122(2014) 참조.

중세사와 인간의 어리석음에 대한 역사적·인문학적 성찰을 공식과 그래프로 도해하는 것 자체가 기발하여 웃음을 자아낸다. 그런데 이는 '수식화'와 '도식화'에 대한 풍자요, 패러디로 읽히기도 한다. 공식과 그래프가 뭔가 과학적인 듯 보인다고 하더라도 이야기narrative의 힘 없이는 아무것도 아니며, 나아가 그런 수식과 도표가 '문명화'의 강력한 지적 도구라고 할 수 있는 유머와 아이러니와 뉘앙스까지 담아낼 수 없음은 분명하다. 한때 과학혁명의 과제가 수식을 통해 모든 것을 '법칙화'하는 것이었다면, 이제 포스트–과학혁명, 포스트–문명화 시대에는 '법칙화된' 것을 인간적 글쓰기와 말하기로 변환하는 것이 중요한 과제가 될 듯하다. 어쨌거나 이탈리아 현자들―두 명의 카를로―의 자유롭고 진지한 착상들을 본격적으로 논하려면 또 다른 지면이 필요할 터이니 당장에는 이쯤에서 멈춰야 한다. 치폴라의 소책자를 번역하며 생각의 줄기들이 분수처럼 샘솟는 걸 보면, 이 얇은 책이 경쾌하고 재기발랄한 상상력과 창의력을 자극하는 무한한 힘이 있음을 새삼 깊이 실감한다. 이 대목에서 다시 치폴라의 주문을 외우게 된다. "알레그로 마 논 트로포!"

책은 얇아도 번역을 끝내는 데는 상당한 시간이 걸렸다. 밀려 있는 다른 '글 빚'을 갚느라 일찍 번역에 착수하지 못한 탓이 가장 컸다. 그러나 번역에 착수한 후에도 치폴라의 글은 쉽지 않았다. 묵묵히 믿고 기다려준 미지북스에 진심으로 감사드린다. 번역과 관련하여 한 가지만 덧붙이면, 이 글이 1970년대에 쓰인 것이라 예시된 내용들이 상당히 낡았다. '프랑'이나 '리라', '카 오디오 절도' 등의 표현들이 특히 그렇다. 웬만하면 표현을 현대적으로 바꿀 수도 있었지만, 그 자체로 예스러운 정감이 있어 그냥 살리는 것도 의미 있겠다 싶어 원문 그대로 옮겼음을 밝혀둔다. 언제나 그렇듯이, 안에서나 밖에서나 책을 산더미같이 쌓아두고 끙끙대며 컴퓨터 앞에 붙박이로 사는 남편과 아빠를 둔 박미애와 장진서에게 심심한 위로를 전하며, 어머님도 아들의 무심함을 선처해주시리라 굳게 믿는다. 치폴라 선생이 발견한 '베르톨도의 법칙'에 따라 앞으로는 화창한 날들만 있을 것이라고 가족들에게 감히 예측하는 바이다.

2019년 1월 찌푸린 날이어서 오히려 행복한
'베르톨도의 집'에서

지은이 **카를로 M. 치폴라**Carlo M. Cipolla(1922~2000년)

런던정경대학과 소르본대학교에서 유럽의 경제와 역사를 연구한 대표적인 이탈리아 경제사학자이다. "자신의 세대에서 가장 뛰어난 경제사가"였고, 1995년에는 "동료 학자들에게 혁신 정신의 귀감이 된 역사학자"로서 발잔상Balzan Prize을 받았다. 『스페인 은의 세계사』, 『대포, 범선, 제국』, 『시계와 문명』, 『중세 유럽의 상인들』 등 수많은 저서를 남겼다.

옮긴이 **장문석**

서울대학교 서양사학과를 졸업하고, 같은 대학교 대학원에서 석사 학위와 박사 학위를 받았다. 이탈리아 토리노대학교에서 공부했으며, 현재 영남대학교 역사학과 교수로 재직 중이다. 지은 책으로『자본주의 길들이기』, 『파시즘』 등이 있으며, 옮긴 책으로는 『스페인 은의 세계사』, 『파시즘의 서곡, 단눈치오』 등이 있다.

인간의 어리석음에 관한 법칙

발행일   2019년 2월 15일(초판 1쇄)

지은이   카를로 M. 치폴라
옮긴이   장문석
펴낸이   이지열
펴낸곳   미지북스
            서울 마포구 성암로 15길 46(상암동 2-120) 201호
            우편번호 03930
            전화 070-7533-1848   팩스 02-713-1848
            mizibooks@naver.com
            출판 등록 2008년 2월 13일 제313-2008-000029호
책임 편집   오영나, 서재왕
출력   상지출력센터
인쇄   한영문화사

ISBN   978-89-94142-91-3 03900
값 9,000원

· 블로그 http://mizibooks.tistory.com
· 트위터 http://twitter.com/mizibooks
· 페이스북 http://facebook.com/pub.mizibooks